Política para perplejos

DANIEL INNERARITY

Política para perplejos

Galaxia Gutenberg

Galaxia Gutenberg,
Premio Todostuslibros al Mejor Proyecto Editorial, 2023,
otorgado por CEGAL (Confederación Española de Gremios y Asociaciones de Libreros).

Edición al cuidado de María Cifuentes

Publicado por
Galaxia Gutenberg, S.L.
Av. Diagonal, 361, 2.º 1.ª
08037-Barcelona
info@galaxiagutenberg.com
www.galaxiagutenberg.com

Primera edición en Galaxia Gutenberg: marzo de 2018
Segunda edición: abril de 2018
Tercera edición: diciembre de 2019
Cuarta edición (primera en este formato): mayo de 2024

Preimpresión: Maria Garcia
Impresión y encuadernación: Ulzama digital
Depósito legal: B 6331-2024
ISBN: 978-84-10107-48-9

Para Sara, que ha sabido luchar por lo que
quería en vez de limitarse a esperarlo.

INTRODUCCIÓN

La política en la era de la incertidumbre

Si hubiera que sintetizar el carácter del mundo en el que vivimos yo diría que estamos en una época de incertidumbre. Los seres humanos de sociedades anteriores a la nuestra han vivido con un futuro tal vez más sombrío, pero la estabilidad de sus condiciones vitales –por muy negativas que fueran– les permitía pensar que el porvenir no les iba a deparar demasiadas sorpresas. Podían pasar hambre y sufrir la opresión, pero no estaban perplejos. La perplejidad es una situación propia de sociedades en las que el horizonte de lo posible se ha abierto tanto que nuestros cálculos acerca del futuro son especialmente inciertos.

El siglo XXI se estrenó con la convulsión de la crisis económica, que produjo oleadas de indignación pero no ocasionó una especial perplejidad; contribuyó incluso a reafirmar nuestras principales orientaciones: quiénes eran los malvados y quiénes éramos los buenos, por ejemplo. El mundo se volvió a categorizar con nitidez entre perdedores y ganadores, entre la gente y la casta, entre quién manda y quién padece a los que mandan, al tiempo que las responsabilidades se asignaban con relativa seguridad. Pero el actual paisaje político se ha llenado de una decepción generalizada que ya no se refiere a algo concreto, sino a una situación en general. Y ya sabemos que cuando el malestar se vuelve difuso provoca perplejidad. Nos irrita un estado de cosas que no puede contar con nuestra aprobación, pero todavía más no saber cómo identificar ese malestar, a quién hacerle culpable de ello y a quién confiar el cambio de dicha situación.

Alguien podría objetar que no faltan, sin embargo, quienes se muestran absolutamente convencidos de algo incluso en medio de este desconcierto general. Efectivamente, el final de las certezas no sólo es compatible con que algunas evidencias se vuelvan especialmente agresivas, sino que ambas cosas pueden estar conectadas. Que haya incertidumbre general se compensa con unas supuestas evidencias que se vuelven toscas e incluso amenazantes.

Pensemos en tres asuntos de naturaleza muy difícil de determinar, pero que algunos manejan sin el menor índice de asombro: el pueblo, los expertos y la identidad. Cada vez resulta más complejo identificar lo que el pueblo realmente quiere, se cuestiona más la autoridad de los expertos y tenemos una identidad, por así decirlo, menos rotunda. Pero esto no impide que se multipliquen las apelaciones a zanjar nuestros debates por algún procedimiento que deje fuera de dudas cuál es la voluntad popular, los expertos imponen sus recetas económicas con una determinación que parece desconocer sus recientes fracasos y se restablece la divisoria entre nosotros y ellos de manera meridianamente clara.

No quiero decir que estas tres cosas no existan, sino que son conceptos cuya invocación no nos resuelve definitivamente ningún problema porque concretarlas es un asunto político. Como otros conceptos similares, se invocan legítimamente, pero hay que considerarlos construcciones políticas y no datos innegociables. Lo que la política pretende es que estos conceptos y otros similares no sean armas arrojadizas, sino asuntos controvertidos pero sobre los que es posible lograr un compromiso político. El objetivo de la política es conseguir que la voluntad popular sea la última palabra, pero no la única, que el juicio de los expertos se tenga en cuenta, pero que no nos sometamos a él, que las naciones reconozcan su pluralidad interior y se abran a redefinir y negociar las condiciones de pertenencia.

Hoy en día, entender lo que pasa es una tarea más revolucionaria que agitarse improductivamente, equivocarse en la crítica o tener expectativas poco razonables. La política no puede seguir siendo lo que afirmaba Groucho Marx, el arte de hacer un diagnóstico falso y aplicar después los remedios equivocados. Una nueva ilustración política debería comenzar desmontando los malos análisis, desenmascarando a quienes prometen lo que no pueden proporcionar, protegiéndonos tanto de los que no saben nada como de quienes lo tienen todo claro. Nunca fue más liberador el conocimiento, la reflexión, la orientación y el criterio.

Con este libro continúo de alguna manera las reflexiones que hice en *La política en tiempos de indignación* (Galaxia Gutenberg, 2015). Son reflexiones al hilo de los acontecimientos que vivimos y que nos han llevado de la indignación a la perplejidad, sin que, por cierto, deje de haber motivos para abandonar aquélla. En la primera parte tomo nota de una serie de asuntos que parecen haber acabado con nuestras certezas, como la irrupción de acontecimientos políticos imprevistos que nadie había sido capaz de pronosticar. No tiene nada de extraño que, en un horizonte de inseguridad, se haya debilitado también la voluntad, sustituida por dos posibilidades que son igualmente apolíticas: el imperativo de adaptarse a lo que hay o la apelación a oponerse en cualquier caso. También se han debilitado los hechos en eso que viene llamándose «posverdad» y que ha dado lugar a una verdadera explosión de las teorías conspirativas porque, como se sabe, cuando los hechos son débiles las fabulaciones resultan irresistibles. Aquí se inscriben la actual crisis del periodismo y su verdadera necesidad: ayudarnos a sobrevivir en medio de un marasmo de informaciones que nos desorientan más que otra cosa. No es extraño, por tanto, que de este desconcierto no pueda librarnos el recurso a unas élites cuya perplejidad no es menos vulnerable a la incertidumbre general. Y éste es también el contexto en el que el análisis de los datos y la medición de la sociedad se han convertido en un recurso tan prometedor como limitado.

En la segunda parte del libro analizo lo que podríamos llamar la dimensión sentimental del asunto. El desconcierto no es sólo algo que afecte al conocimiento, sino también a las emociones, tal vez hoy más revueltas que nunca. Del mismo modo que lamentamos la escasa regulación de los mercados, podemos constatar también que nuestros sentimientos flotan sin ningún anclaje institucional dando lugar a sociedades exasperadas, ansiosas e irritables. Cuando todo se convierte en impredecible, inestable y sospechoso surge la nostalgia de las pasiones tranquilas y se plantea con especial inquietud el problema de en quién confiar, cómo recuperar alguna referencia que nos permita orientar nuestros conocimientos y emociones.

La tercera parte tiene por objeto analizar hasta qué punto continúan siendo válidas algunas de las categorías que, por su forma binaria –nosotros y ellos, populismo y antipopulismo, la gente y la casta, el poder y la impotencia, los hombres y las mujeres, la derecha y la izquierda...– han tenido hasta ahora una función clarificadora. Todo esto se ha llenado de paradojas y hoy parece que resulta muy difícil saber quiénes son de los nuestros, cómo repartir la culpabilidad y la inocencia, por qué no ser un populista no le convierte a uno en un antipopulista, cómo se explica que un país pueda ganar soberanía y perder poder, por qué es tan complicado saber quién manda aquí o cuál es la razón de que la propuesta de una feminización de la política haya sido tan insuficiente.

La victoria de Donald Trump es una de esas cosas improbables que terminaron sucediendo en el año 2017 y a la que dedico una atención específica en la cuarta parte. Que algo fuera improbable o que la mayor parte de los pronósticos se equivocaran no quiere decir que no sea posible, retrospectivamente, tratar de explicar por qué pudo suceder. Determinadas transformaciones políticas, del sistema económico y de la cultura pueden ayudarnos a entender por qué terminó ocurriendo lo que parecía imposible que sucediera.

De lo que deberíamos hacer me ocupo en la quinta parte. Mi tesis fundamental es que nuestra ocupación fundamental debería ser el diseño de sistemas inteligentes y no tanto una especie de *casting* para dar con las personas más inteligentes. Son los sistemas, estúpido, podríamos decir modificando aquella célebre frase de Bill Clinton. Hay que diseñar los sistemas políticos de manera que los malos gobernantes no hagan demasiado daño, del mismo modo que el mejor aprendizaje que podemos obtener de los fracasos de nuestras tecnologías es que deberían estar configuradas para que equilibraran la docilidad a nuestras órdenes con la resistencia frente a ellas. Gobernar entornos de elevada complejidad nos sitúa así ante una dificultad con la que hasta ahora apenas habíamos contado: no lo haremos bien mientras no aprendamos a gestionar nuestra ignorancia, hasta que no sepamos qué hacer con lo que no sabemos.

En la última parte del libro trato de decir algunas cosas acerca de lo que nos espera, del futuro, y del modo como hemos de relacionarnos con él. Interrogarse acerca del futuro es una tarea tan necesaria como imposible. Una de las más inquietantes paradojas de nuestra sociedad acelerada es que no podemos hacer nada sin anticipar un futuro que es prácticamente impredecible. Tampoco sabemos muy bien en qué consiste cambiar el mundo ni si somos nosotros quienes, en el mejor de los casos, lo cambiamos o si es el mundo el que nos cambia imperceptiblemente. Y concluyo que, pese a todo, hemos de ser optimistas, no tanto como un imperativo moral, sino por razones de tipo cognitivo. El pesimismo requeriría más razones de las que tenemos.

Termino este libro cuando finaliza mi etapa de profesor en la Universidad de Georgetown, donde he disfrutado de la Cátedra Davis de Estudios Interculturales. Parte de lo que he escrito aquí lo discutí con alguno de mis colegas y con mis estudiantes de la asignatura «Problemas de la democracia contemporánea». No han faltado este tipo de problemas en el primer periodo de gobierno de Trump, que viví –o padecí– con especial intensidad. De mis colegas y estudiantes en este tiempo he recibido lecciones de hospitalidad y también de civismo a la hora de enjuiciar la situación de la política en aquel país y en general. Cuando uno pasa un largo periodo en otro país vive dos experiencias muy interesantes: comprueba qué distintas son nuestras respectivas culturas políticas y, al mismo tiempo, se da cuenta de hasta qué punto tenemos problemas muy similares.

Washington, 23 de noviembre de 2017,
día de Acción de Gracias

I

EL FINAL DE LAS CERTEZAS

Que nos han abandonado algunas certezas es algo que puede comprobarse comparando nuestras previsiones y lo que realmente ha sucedido: o si consideramos la seguridad de la que han disfrutado muchas generaciones y civilizaciones menos informadas que la nuestra, con una tradición más rígida que compensaba la escasez de libertad con una orientación aplastante. Cuando uno está bien equipado en cuanto a la certidumbre corre el riesgo de acabar en el fanatismo; el riesgo mayor de quien está perplejo es ajustarse a lo políticamente correcto y poco más. También hay desconcierto en relación con qué debemos hacer con aquello poco de lo que estamos seguros; hay incertidumbre teórica y también incertidumbre de la voluntad: apenas conocemos la realidad y tampoco sabemos muy bien si es algo a lo que hay que adaptarse o que debe combatirse. Hechos, teorías, relatos y expectativas tienden a mezclarse y generar confusión. ¿Qué tienen en común la llamada posverdad, el desprecio hacia los hechos y la facilidad con que nos rendimos a las teorías conspirativas cuyo principal defecto es que explican demasiado? Todo ello delata lo desconcertados que estamos, algunos más que otros, no tanto porque sepan menos, sino porque, como en el caso de las élites, se supone que tienen mayores posibilidades y responsabilidad de saber más. Si el viejo Aristóteles sigue teniendo razón y es verdad aquello de que los humanos deseamos saber, no hemos cejado en nuestro combate contra la perplejidad y a ello responden algunos de nuestros inventos para recuperar la certeza, como el periodismo, el cálculo o la medición de la sociedad, en los que se refleja la grandeza de nuestro empeño y su limitación.

I

Cuando ocurre lo improbable

Cada vez tenemos más la sensación de que en política cualquier cosa puede suceder, de que lo improbable y lo previsible ya no lo son tanto. Este tipo de sorpresas no serían tan dolorosas si no fuera porque ponen de manifiesto que no tenemos ningún control sobre el mundo, ni en términos de anticipación teórica ni en lo que se refiere a su configuración práctica.

Desde el Brexit hasta Donald Trump, 2016 fue un mal año para las previsiones. La mayoría de los expertos apostaban a que la mayor parte de los británicos votaría por la permanencia, que un candidato como Trump no sobreviviría a las primarias, que el populismo y la extrema derecha habían alcanzado su techo. El resultado es bien conocido: se impuso el Brexit, ganó Trump, Matteo Renzi perdió un importante referéndum constitucional (diseñado, como todos, para ganar), los austríacos estuvieron a punto de elegir a un presidente de extrema derecha, cuya versión alemana alcanzaba el 14% en las elecciones regionales (y al año siguiente entraría por primera vez en el *Bundestag*). Hay otros ejemplos de democracias cada vez más frágiles, incluso dentro de la Unión Europea, como Hungría y Polonia, al tiempo que aumenta la relevancia geopolítica de la Rusia de Vladímir Putin.

Estamos en una época cuya relación con el mañana alterna brutalmente entre lo previsible y lo imprevisible, donde se suceden las continuidades más insoportables (de la injusticia, el estancamiento económico y la irreformabilidad de las instituciones) con los accidentes (como resultados electorales que nadie había previsto o la escalada de ciertos conflictos). Hace no muchos años el debate era si los cambios se producían en nuestras sociedades mediante la revolución o la reforma. Actualmente, el cambio no se produce ni por lo uno ni por lo otro, ése ya no es el debate, sino por un encadenamiento catastrófico de factores en principio desconectados.

Lo que convierte a la política en algo tan inquietante es el hecho de que sea imprevisible cuál será la próxima sorpresa que la ciudadanía está preparando a sus políticos. Nadie sabe con seguridad cómo funciona esa relación entre ciudadanos y políticos que se ha convertido en una auténtica «caja negra» de la democracia. Reina en todas partes una medida excesiva de azar y arbitrariedad.

¿Cómo hacer previsiones cuando no estamos en entornos de normalidad y nada se repite? La repetición de los procesos es uno de los procedimientos más importantes para determinar la fiabilidad de los conocimientos y las observaciones sobre la realidad. Ahora bien, la mayoría de los procesos democráticos del pasado reciente habrían dado un resultado completamente distinto si se hubieran podido repetir. Esto vale tanto para el Brexit como para las recientes elecciones americanas. Y, si ciertos partidos hubieran podido anticipar los resultados electorales, seguramente David Cameron no habría convocado el referéndum europeo, y François Fillon, Hillary Clinton, Benoît Hamon o Jeremy Corbyn no volverían a ser candidatos.

Toda esta incertidumbre plantea especiales desafíos a las ciencias que se ocupan de la interpretación de los asuntos políticos. En primer lugar, se requiere una reflexión acerca de la metodología de las encuestas que infravaloran las posibilidades de éxito de candidatos que, como Trump, rompen las reglas más elementales de la competición electoral con una campaña tóxica en la que se insulta a casi todos los posibles grupos de referencia (mujeres, emigrantes, veteranos de guerra...). La capacidad predictiva de las encuestas exige valorar mejor las actitudes y el comportamiento de los votantes. En una época de menor militancia en los partidos y gran volatilidad hay que tomar más en serio los márgenes de error. Las regularidades de la democracia representativa tal y como la conocemos –especialmente, la política de clases– parecen haberse roto (la expectativa, por ejemplo, de que los trabajadores voten a la izquierda, como, en buena manera, ha dejado de suceder en Estados Unidos, Francia e Inglaterra). Ha llegado el momento de reflexionar con mayor sutileza acerca de ciertos desplazamientos tectónicos que están teniendo lugar en nuestras sociedades y medir mejor esas tendencias.

La segunda advertencia que deberíamos tomar en consideración es no subestimar la fortaleza de lo que aborrecemos. Uno trata de ser objetivo y de argumentar sobre la base de evidencias, pero también los científicos sociales son humanos y tienen opiniones o preferencias, menos fáciles de contener cuando estamos ante situaciones de especial dramatismo. Ni siquiera en estos casos deberíamos permitir que nuestras preferencias se conviertan en prejuicios. Muchos de los que votaron por el Brexit o por Trump lo hicieron sobre la base de razones y, por mucho que nos parezcan malas decisiones, no deberíamos dejar de analizar los factores que llevaron a tanta gente a votar de ese modo.

La tercera reflexión es que necesitamos nuevos conceptos para entender lo que está pasando. ¿Qué significa el término *establishment* cuando todos los políticos han hecho su carrera despotricando del *establishment* del que proceden y al que siguen representando? ¿A qué nos referimos cuando hablamos de populismo y bajo este término englobamos a políticos tan dispares como Donald Trump, Beppe Grillo, Alexis Tsipras o Marine Le Pen? ¿Alguien sabe exactamente qué es lo que quieren conservar los conservadores y hacia qué futuro pretenden dirigirnos los progresistas? Estamos utilizando términos huecos («significantes vacíos» los llaman quienes aspiran a obtener alguna ventaja de esta resignificación) y esta vacuidad pone de manifiesto qué poco entendemos lo que está pasando. Necesitamos urgentemente nuevos conceptos para entender las transformaciones de la democracia contemporánea y no sucumbir en medio de la incertidumbre que provoca su desarrollo imprevisible.

2

El ocaso de la voluntad política

El hecho de que vivamos en tiempos de incertidumbre no es algo que tenga exclusivamente que ver con el conocimiento, sino también con la voluntad. El desconcierto no es sólo desconocimiento, sino también una desorientación que afecta a la voluntad.

El ocaso de la voluntad se manifiesta en dos actitudes aparentemente contradictorias, pero que tienen en común la misma perplejidad. Una voluntad política dimitida está detrás de toda esa retórica según la cual lo que debemos hacer es más bien no hacer nada y adaptarnos a lo que hay, pero también está en aquellas formas de voluntarismo que hacen frente a la realidad desconociendo cualquier límite a la voluntad y que, en ocasiones, se desliza hacia el autoritarismo, lo más contrario que hay a la idea de voluntad política. En ambos casos encontramos la misma renuncia a gobernar y regular, tras haber ponderado lo que es posible y lo que es inevitable; la menor aspiración a configurar el espacio político con reglas y normas, e incluso a transformar ciertos aspectos negativos del mundo actual que tenemos el deber político de combatir. Unos se resignan y acomodan a la situación e incluso formulan esta adaptación como un imperativo moral (modernizarse, estar a la altura de los tiempos, soltar el lastre de ciertos compromisos de solidaridad adquiridos) y otros se entregan a una indignación improductiva, a la denuncia que apenas sirve para la construcción de responsabilidad. La aceptación, sin ningún examen crítico, de todas las condiciones que la realidad parece imponernos se corresponde con la exaltación de la crítica sin ningún análisis de las condiciones en las cuales ha de desplegarse esa voluntad transformadora. Por un lado, hay una aceptación beata de las «realidades indiscutibles» y, por otro, una crítica radical que se paga con el precio de no entender la realidad. En ambas dimisiones de la voluntad política se utiliza la globalización como excusa, queja o justificación.

Lo primero es más distintivo de la derecha, que está obsesionada por la estabilidad y se despreocupa de la sostenibilidad. En vez de configurar el futuro, apela a un simple movimiento de adaptación constante cuyo motor no es la política, sino una supuesta objetividad del mundo que se nos presenta como una realidad incuestionable. El cálculo se sitúa por encima del juicio y la estadística pasa a ser la norma suprema. Se habla de la globalización como si se tratara de un proceso necesario o catastrófico que se hubiera realizado ya de un modo inexorable y que sólo exige de cada uno de nosotros un continuo esfuerzo de adaptación. A este propósito se podría recordar aquello de Herbert Marcuse en *El hombre unidimensional:* una cosa es aceptar los hechos como un dato que debe ser tenido en cuenta y otra es aceptarlos «como un contexto definitivo».

Aquí se revela que la globalización está cambiando el mundo sin dirigirse a la voluntad, sino apelando a sentimientos como el deseo mimético de enriquecimiento, la comodidad, el instinto de conservación o el miedo. Tenemos una forma global que multiplica las libertades individuales y restringe la libertad política (el mundo como resultado de decisiones políticas libres), que ofrece una apertura ilimitada pero sin alternativas, que da la palabra a todos pero rechazando cualquier referencia crítica, que domestica satisfaciendo necesidades. La focalización del Estado en las cuestiones de seguridad se acomoda muy bien a la sumisión total a las lógicas del mercado globalizado, territorio especialmente cómodo para las nuevas derechas. El Estado refuerza su intervención sobre los ciudadanos en términos de seguridad, al mismo tiempo que la restringe en materia económica y social.

La versión de izquierdas de este ocaso de la voluntad política es el desconocimiento de los límites de la acción política, la impugnación sin matices del proceso de globalización, coincidiendo así con la derecha en suponer que se trata de un fenómeno ingobernable al que hay que adaptarse (para los primeros) o frente al que hay que resistir (para los segundos), en ambos casos sin matices. Derecha e izquierda coinciden así en la inevitabilidad de los procesos sociales. Donde mejor acaba de comprobarse todo esto es en el rechazo a los tratados comerciales o en las protestas frente a las cumbres internacionales tipo G-20. Buena parte de la izquierda parece estar negando la globalización y buscando el porvenir en el mundo de ayer. En vez de rechazar la globalización o aceptarla resignadamente, la izquierda debería comprometerse a una verdadera crítica que no le impida ver las oportunidades que representa. No se trata de salvar el Estado nacional del Bienestar, sino de repensar la redistribución en un contexto global y productor de desigualdades inéditas.

No cabe duda de que el mundo en su forma actual contiene muchas realidades inaceptables como la corrupción o la pobreza, la insuficiente implicación contra el cambio climático o la indiferencia u hostilidad ante la realidad de una emigración desesperada. El problema es cómo hacerlas frente cuando no es posible contar con un instrumento poderoso de control. La sobrevaloración de las instancias estatales en un tipo de izquierda socialdemócrata es un error similar al de la izquierda más radical que lo confía todo a la espontaneidad de los movimientos sociales de protesta. La «abolición del capitalismo» se convierte así en un significante vacío que refleja el malestar ante un mundo que no se termina de comprender. La *buena* voluntad parece eximirles de configurar una voluntad *capaz* de llevar a cabo las transformaciones deseadas o de proteger efectivamente como se había prometido.

Hay dos formas de protesta contra la complejidad del mundo actual. Una es la concentración conservadora en la autenticidad de lo propio y su protección cultural combinada con un compromiso de no intervenir en los procesos sociales despojando a los bienes públicos de su relación con la estatalidad y el Derecho. La otra es una concepción de la regulación como control sobre la base del prejuicio de que querer es poder. Pero el problema no es que se reúnan veinte jefes de Gobierno. El problema es que aún no tenemos una idea de cómo se reconcilian las fuerzas de la innovación tecnológica y económica con los objetivos pretendidos por una voluntad política configurada.

3
Los hechos ya no son de derechas

La realidad ha sido siempre algo más bien de derechas: traer a colación un hecho parece implicar que no se admiten interpretaciones y recordar los límites de lo posible. Quien se refiere a algo como un hecho con frecuencia quiere que se interrumpa un debate y, todavía peor, limitar nuestras aspiraciones. Que no hay alternativa ha sido el típico argumento de la derecha y, mientras tanto, criticarlo se ha convertido en un tipo de discurso que forma parte de lo políticamente correcto en la izquierda. Así se ha configurado nuestro campo ideológico: las derechas defienden los hechos y su vocabulario correspondiente (objetividad, limitaciones, la dificultad de la tarea, la escasez de recursos, lo posible); las izquierdas están por las alternativas e incluso por la utopía, y de ahí que suelan hablar de imaginación y crítica, facultades que no se llevan demasiado bien con la realidad, de la que se han despegado e incluso combaten abiertamente.

Si damos por buena esta simplificación (que, como todas, falsifica un poco las cosas, pero gracias a ello sirve para orientarnos) podemos constatar la curiosa novedad de que hoy algunos conservadores son los que menos aprecio tienen hacia la realidad y mienten con mayor descaro; la capacidad de fabulación de ciertos personajes de la derecha histriónica sobrepasa con mucho a la imaginación de sus adversarios. Tal vez estemos entrando en una época en la que la creatividad comienza a ser una propiedad de reaccionarios. Pensemos en el olímpico desprecio por la objetividad de que hace gala un personaje como Donald Trump o las mentiras del Brexit. El magnate norteamericano ha sostenido, contra toda evidencia, que no apoyó la invasión de Irak, que Barack Obama nació fuera de Estados Unidos o que la emigración mexicana ha crecido dramáticamente (cuando en realidad no ha dejado de bajar en los últimos diez años). En cuanto al Brexit, basta con recordar que Nigel Farage hizo la campaña denunciando que Reino Unido pagaba 350 millones de libras a la semana por pertenecer a la Unión Europea, cuando en realidad aportaba la mitad.

Reflexionar sobre estos casos puede servirnos para entender mejor el mundo en el que vivimos y, más concretamente, el tipo de cultura política que estamos configurando. Seguramente esta falta de aprecio hacia los hechos es uno de los factores que explica la creciente polarización de la vida política. El combate político se desarrolla sin que la realidad esté de por medio y gira en torno a ficciones útiles. Los tecnócratas buscaban que la realidad confirmara o desmintiera sus hipótesis; los populistas prefieren la construcción de metáforas movilizadoras. De ahí la proliferación de los «relatos» e incluso de las teorías conspirativas. El encuadre *(framing)* goza de un poder absoluto; la verosimilitud es más importante que lo verdadero. Estas construcciones narrativas cumplen una función similar a la del mito en las sociedades preilustradas.

¿Cómo está constituido el espacio público para que ese menosprecio por los hechos encuentre eco en vez de reproche? De entrada, todo esto tiene mucho que ver con la creciente espectacularización de la política y ya se sabe que una buena historia, aunque sea delirante, entretiene más que los hechos. Éstos no son divertidos y por eso se marginan en una política que se ha instalado desde hace tiempo en el puro entretenimiento, donde actuamos como clientes, como espectadores que se divierten o indignan según el caso, y cuya lógica tiene más que ver con el consumo que con la deliberación o el compromiso activo.

Seguramente esta «irrealización» de la política, esto es, el intento de que cada vez tenga menos que ver con la realidad, no tendría tales dimensiones sin las redes sociales, que facilitan la difusión de todo tipo de opiniones y configuran un amplísimo muestrario de afirmaciones, sin ningún tipo de jerarquización ni criterio. Por eso, las redes sociales democratizan en la misma medida que desorientan. Que el periodismo más tradicional tenga grandes dificultades para ordenar todo ese ruido es, al mismo tiempo, causa y consecuencia de la vertiginosa proliferación de opiniones. De ahí que sea muy saludable que hayan surgido últimamente un tipo de periodistas a los que se ha bautizado con el nombre de *fact-checkers*, los profesionales que se encargan de verificar las afirmaciones de los políticos. Para que el debate público sea de calidad no basta con que los hechos referidos sean ciertos, pero podemos estar seguros de que si esas referencias son completamente falsas no tendremos una verdadera discusión democrática. Decía Hannah Arendt que, aunque la objetividad sea difícil, esta dificultad no es una prueba contra la supresión de las líneas de demarcación entre el hecho, la opinión y la interpretación, ni una excusa para manipular los hechos.

Todo esto nos va a obligar a replantear el lugar de los expertos en una democracia y qué valor le damos a la objetividad. Es indefendible, por supuesto, que entreguemos el poder a los expertos porque una democracia no es un régimen en el que mandan los que saben, entre otras cosas porque no está decidido de anternano quiénes son los que saben. Ahora bien, el papel de los expertos en nuestros procesos de decisión no va a disminuir, sino que será más relevante en relación con la complejidad de los problemas colectivos a los que nos enfrentamos. Y habrá que volver a pensar qué significa la objetividad en una sociedad democrática. Por supuesto que la objetividad ya no puede equivaler a incuestionabilidad ni venir acompañada de un gesto autoritario; pero puede ser un árbitro imparcial que modere nuestros juicios políticos sin impedir por ello que sean diferentes.

4
El horizonte conspirativo

Decía T. S. Eliot que el ser humano no soporta demasiada realidad, pero en mi opinión llevamos peor que haya demasiada incertidumbre alrededor. La crisis de los «grandes relatos» nos dificulta comprender lo que pasa insertándolo en un esquema general que le confiera sentido y ha provocado el sentimiento de una pérdida de control sobre el mundo. Si es cierto que nuestra época se caracteriza por las incertidumbres y los miedos, no tiene nada de extraño que el lugar de las construcciones ideológicas esté hoy en parte ocupado por pequeñas historias de conspiraciones que se multiplican para explicar lo que de otro modo no comprenderíamos. Cuando los hechos son débiles, las fabulaciones resultan irresistibles.

Buena parte de su éxito se explica también por el aumento de situaciones que generan ansiedad, como el terrorismo internacional, las catástrofes ecológicas, la disolución del vínculo social, la inseguridad creciente del mercado de trabajo o la pérdida de confianza en las autoridades y los «expertos». Por muy delirantes que puedan resultar algunas de estas explicaciones, sirven para dar sentido a las cosas tan disparatadas y desconcertantes que suceden en un mundo caótico e inestable, en el que todo parece posible, incluso lo peor. De este modo se satisface nuestra necesidad de estructuras y modelos de inteligibilidad, que incluye también alguna indicación para saber quiénes son los buenos y los malos de esta historia.

Tal vez eso explique el crédito del que gozan las historias que explican demasiado, como las conspiraciones urdidas por un sujeto omnisciente. De ahí también la obsesión por la transparencia en una cultura que, como la nuestra, gira en torno a lo visual. Si todo lo que pasa obedece a relaciones que no vemos es porque algo se nos está ocultando deliberadamente. El deseo de que nos muestren lo que esconden tiene dos presupuestos: que nuestro principal problema obedece a esa falta de visibilidad y que deberíamos estar en condiciones de ver y vigilarlo todo.

En la última campaña presidencial americana, por ejemplo, irrumpieron con especial intensidad este tipo de recursos. Entre muchos de los complots imaginarios que se llegaron a denunciar destaca la acusación de Donald Trump a Barack Obama por haber fundado el ISIS, pero tampoco faltan explicaciones rocambolescas en el campo demócrata cuando consideran a Trump un infiltrado de Vladímir Putin (aunque esto va resultando cada vez menos fabulatorio). El conspiracionismo tiene una larga tradición en Estados Unidos, como explicó en los años sesenta Richard Hofstadter en su estudio sobre el estilo paranoide de la política americana. Se trata, por cierto, de un recurso que comparten la izquierda y la derecha, como la crítica al *establishment* que tan buenos réditos da a unos y a otros. De diferentes maneras, ambos oponen un pueblo sano y armónico a un enemigo exterior, ya se trate de los inmigrantes, el islam, las élites o los otros en general. Para quien razona en términos conspirativos, la sociedad se encuentra en un estado de inocencia y sin conflictos; el desorden sólo se explicaría por la intromisión de fuerzas externas encarnadas por los conspiradores, que unos llaman extranjeros y otros élites. No es extraño que un intelectual de la izquierda altermundialista como Noam Chomsky se apunte a la estrategia de denunciar las conspiraciones y reivindique el uso de esa palabra frente a quienes «quieren que no reflexionéis sobre lo que verdaderamente pasa». La cercanía entre el pensamiento crítico y el pensamiento conspirativo es inquietante y quien esté interesado en impugnar las innumerables injusticias de nuestra sociedad debería evitar explicarlas con una visión binaria que simplifique todo en un combate demasiado nítido entre los buenos y los malos (y no porque no los haya precisamente, sobre todo estos últimos). Quien emprende una batalla de denuncia, crítica y compromiso no está eximido de hacerlo con ecuanimidad y rigor intelectual, aunque no pocos denunciarán a su vez ese estilo como falta de radicalidad ante el mal.

Si las teorías de la conspiración encuentran tan buena acogida es porque cumplen una primera función elemental de proporcionar un esquema de explicación fácil, global y, sobre todo, intencional de una realidad política cada vez más complicada. Conectan con el desasosiego y la impotencia de un individuo enfrentado a una realidad política que ni comprende ni controla; constituyen un alivio, aunque sólo sea transitorio, de ese malestar. Las teorías del complot eliminan todo azar de la historia y del funcionamiento de las sociedades, reduciendo la complejidad molesta a los encadenamientos simples. Si no hay azar, tiene que haber responsables ocultos de las infelicidades del mundo. Los razonamientos conspirativos presuponen que nada sucede por accidente, que todo cuanto acontece es el resultado de intenciones escondidas y que todo está conectado, pero de manera oculta.

Quien acepta una explicación de ese tipo recupera ilusoriamente una cierta soberanía cognitiva sobre la realidad al disponer de un relato que la vuelve inteligible. Esta soberanía es, por supuesto, transitoria, ya que nos impide entender aquellas constelaciones políticas en las que lo malo que nos pasa no se debe a una acción intencional, sino a errores o azares, que son más habituales que el expreso deseo de hacer daño. El consumidor de estas explicaciones olvida que, como nos enseñó Max Weber, «el resultado final de la actividad política raramente responde a la intención primitiva del actor». Quien no sabe esto, no sabe nada de cómo funciona la política. Pero es que además se da la paradoja de que así se limita aún más el poder de intervenir sobre la realidad porque la denuncia de enemigos demasiado poderosos extiende también el desánimo y nos sitúa en un horizonte de fatalidad. Pensar conspirativamente equivale a mantener al mismo tiempo una visión mágica de la política y alimentar el abatimiento colectivo.

Para esa crítica del mundo contemporáneo que es tan necesaria resultan de poca utilidad los esquemas conspirativos. Mientras nos obsesionamos con las conspiraciones de otros, somos demasiado indulgentes con nuestras propias torpezas. Deberíamos prestar más atención al modo como ese mundo produce sus propias catástrofes, a los riesgos que irracionalmente asumimos, a la falta de previsión en el empleo de ciertos dispositivos tecnológicos, al debilitamiento de la responsabilidad.

Por supuesto que en la historia hay perversión, pero comprenderíamos mejor nuestra condición si reconociéramos que la chapuza es el estado natural del ser humano, que la maldad es más una excepción que la regla, del mismo modo que hay más improvisación que previsión o más errores que engaños. Me atrevería incluso a afirmar que en la maldad hay más chapuza que planificación. ¿Por qué a quienes hacen el mal les debemos reconocer una mayor clarividencia y habilidad que al resto de los mortales?

5

Medios que medien

La actual fascinación por las redes sociales, la participación o la proximidad pone de manifiesto que la única utopía que sigue viva es la de la *desintermediación*. Una desconfianza ante las mediaciones nos lleva a suponer automáticamente que algo es verdadero cuando es transparente, que toda representación falsifica y que todo secreto es ilegítimo. No hay nada peor que un intermediario. Por eso, de entrada, nos resulta más cercano un filtrador que un periodista, un aficionado que un profesional, las ONG que los gobiernos y, por eso mismo, nuestro mayor desprecio se dirige a quien representa la mayor mediación: como nos recuerdan las encuestas, nuestro gran problema es... la clase política.

Hay una lógica de fondo que conecta el desinterés hacia el periodismo (porque en las redes uno ya se informaría y expresaría sin necesidad de autorización alguna), la preferencia por los mercados escasamente regulados (suponiendo que la mera agregación espontánea de los intereses produce los mejores resultados) y el desprecio hacia la política (dado que los artificios de la representación no servirían más que para falsificar la verdadera voluntad de la gente, que se haría valer mejor cuanto más directa o plebiscitaria fuera la democracia). En estos tres casos, que caracterizan muy bien el modo de pensar dominante de nuestra época, late la idea de que el mundo (es decir, la verdad, la justicia y la democracia) está inmediatamente a nuestro alcance y que los procedimientos e instituciones para la configuración de estos valores son los culpables de su desfiguración. La lógica del *click*, el voto o la opinión espontánea harían innecesario cualquier instrumento para elaborar las opiniones y las decisiones; periódicos, regulaciones, partidos, sindicatos, parlamentos serían igualmente prescindibles e incluso enmascaradores de la realidad o de la voluntad del pueblo.

Éste es, a mi juicio, el contexto más apropiado para pensar la actual crisis del periodismo y para defender su valor en una democracia. El discurso acerca de la «posverdad» nos está distrayendo de algo más preocupante que la intencionada distorsión de la realidad por parte de algún malvado: la propia incapacidad de los sujetos para hacerse cargo de la complejidad informativa del mundo. Si estamos en una época de creciente incertidumbre no es porque alguien esté deliberadamente creando confusión (o no sólo por eso), sino porque carecemos de instrumentos que organicen los datos, ponderen los juicios y ofrezcan una visión coherente de la realidad. Necesitamos esta intervención de los medios como instrumentos de orientación en entornos poblados de mentiras, por supuesto, pero todavía más de datos irrelevantes y estados de ánimo confusos. Esta defensa de las mediaciones no supone rendirse a la autoridad de algún árbitro privilegiado, entre otras cosas porque hay muchas mediaciones que compiten entre sí; es un reconocimiento de que nuestras limitaciones cognitivas no proceden de que sea escasa la información, sino de que no andamos sobrados de instrumentos para hacer frente a la complejidad del mundo y orientarnos en él.

Las sociedades avanzadas reclaman con toda razón un mayor y más fácil acceso a la información. Pero la abundancia de datos no garantiza la vigilancia democrática; para ello hace falta, además, movilizar comunidades de intérpretes capaces de darles un contexto, un sentido y una valoración crítica. Separar lo esencial de lo anecdótico, analizar y situar en una perspectiva adecuada los datos, exige mediadores que dispongan de tiempo y de competencia. En este trabajo de interpretación de la realidad también son inevitables los periodistas, cuyo trabajo no va a ser superfluo en la era de internet, sino todo lo contrario.

6

La sociedad de los intrusos

La historia de la humanidad ha estado regida por una profunda desigualdad que se traducía en una asimetría en las relaciones de visibilidad. Unos veían más que otros, el poder consistía en ocultarse o esconder determinadas cosas. Ver implica control social; generalmente, a medida que aumentan las posibilidades de observar disminuyen las de ser visto. La opacidad, el secreto, la información privilegiada y la ocultación han sido las estrategias de las que se servía el control que ejercían los gobernantes, la dominación de los varones y la riqueza de los poderosos.

La lucha por la igualdad ha implicado siempre, entre otras cosas, un combate por la observación. Una sociedad del conocimiento se caracteriza porque aquellos instrumentos que hacían posible tales operaciones de vigilancia sobre la gente están ahora a disposición de los vigilados. Vivimos en una suerte de «panoptismo cívico» que ha reinvertido el ejercicio del control: todos nos hemos convertido, en mayor o menor medida, en observadores y vigilantes del poder.

Esta capacidad de ejercer como intrusos en espacios que eran opacos ha alterado radicalmente las hegemonías habituales. La democratización de la mirada no equivale sin más a la emancipación completa, pero es el comienzo de una ola de democratización que tendrá grandes consecuencias. A partir del momento en que se ve todo, las sociedades adquieren un poder del que apenas disponían con anterioridad. ¿Qué tienen en común la irrupción de fenómenos como la indignación, el hecho de que los electorados sean cada vez menos previsibles, que haya una mayor volatilidad social o el desvelamiento de los fenómenos de acoso sexual? Pues fundamentalmente se deben a que han aumentado las posibilidades de observación de la gente sobre los acontecimientos que antes estaban protegidos de la visión pública, por el secreto de Estado o debido a su mantenimiento en el ámbito privado. Hoy cualquiera puede verlo casi todo y darlo a conocer. A partir de ese momento, se cumple el principio formulado por Anthony Giddens de que los viejos mecanismos del poder no funcionan en una sociedad en la que los ciudadanos viven en el mismo entorno informativo que aquéllos que los gobiernan. Esto no quiere decir que el secreto o la dominación vayan a ser abolidos completamente, sino que están siendo reducidos en virtud de la configuración de una humanidad observadora que cada vez dispone de más instrumentos para conocer lo que pasa en las tramoyas del poder y en los espacios de la intimidad.

El mundo se ha convertido en un lugar públicamente vigilado. Las dinámicas contestatarias han supuesto la entrada de las sociedades en el debate político internacional. El espacio público global ha configurado instancias que se expresan e interpelan. Por supuesto que no hay que hacerse demasiadas ilusiones. La opinión que irrumpe sobre la escena internacional no es el contrapoder ideal, una fuerza eficaz que pueda neutralizar el poder de los estados. Pero esta intrusión y vigilancia ya contradice el mero juego del poder o ese beneficio de la ignorancia que ha sido de gran utilidad para los poderosos, en las cancillerías internacionales o en las alcobas de Hollywood. Quince millones de personas en la calle, en febrero de 2003, no consiguieron impedir la guerra en Irak, pero contribuyeron decisivamente a deslegitimarla; el abuso sexual no desaparecerá de golpe, pero nada volverá a ser como antes de que se desatara la oleada de denuncias en 2017.

La política se ha beneficiado durante mucho tiempo del beneficio de la ignorancia. Los estados podían permitírselo casi todo cuando apenas se sabía lo que hacían. El golpe del ejército soviético en Budapest el año 1956 tuvo menos resistencia que el que se repitió doce años más tarde en Praga; para entonces, la televisión se había instalado en muchos hogares y la imagen de los carros desplegados por el Pacto de Varsovia contribuyó a forjar el comienzo de una opinión pública internacional. Vivimos en un mundo que rechaza la excusa del secreto. Se ha configurado un espacio público en el seno del cual todos somos testigos de genocidios, vulneraciones de la legalidad, opresiones de todo tipo, abusos y desigualdades. La globalización es también un espacio de atención pública que reduce sensiblemente las distancias entre testigos y actores, entre responsables y espectadores, entre uno mismo y los demás. Se establecen así nuevas comunidades transnacionales de protesta y solidaridad. Los nuevos actores, en la medida en que vigilan y denuncian, desestabilizan cada vez más la capacidad del poder para imponerse de forma coercitiva.

Probablemente estemos en un momento de cambio en el que se superpone el plano de las viejas asimetrías con las nuevas posibilidades de observación y ya hemos empezado a comprobar que la nueva visibilidad tiene también su ambivalencia y algunos efectos secundarios que hemos de corregir. En una sociedad donde todos se ven, donde todos se comparan, de tecnologías abiertas y de fácil empleo, en el mundo de las redes, las fronteras pierden su capacidad de delimitación y reserva. Esta configuración abierta contiene, al mismo tiempo, posibilidades de avance y de regresión democrática que hemos de aprender a gestionar. Hay un intrusismo emancipador que permite a la ciudadanía observar y juzgar, pero también se despliegan a sus anchas la intromisión electoral o el pirateo digital; aquello que facilita lo primero permite lo segundo. El espacio abierto de internet, gracias al cual vigilamos y enjuiciamos a quienes gobiernan, es el mismo en el que se realizan los linchamientos digitales, las noticias falsas y los ciberataques.

Después de una cierta beatería digital hemos descubierto que internet no es un espacio libre de dominación, que las capacidades de observación también las disfrutan quienes quieren controlarnos o condicionar nuestras decisiones. Cuando todavía estábamos en plena celebración de los efectos democratizadores de WikiLeaks nos ha invadido el pánico por los *trolls* rusos y ciertos personajes han pasado en muy poco tiempo de héroes a villanos. La vulnerabilidad de los espacios digitales, que era una buena noticia para la ciudadanía observadora, se convierte ahora en una mala noticia para el ejercicio de la voluntad popular. Lo que constituía una ampliación de la soberanía pasa a ser una amenaza contra ella; lo temido por los estados es ahora la pesadilla de las sociedades. Nos parecía bien porque los intrusos éramos nosotros, la sociedad empoderada; nos inquieta cuando descubrimos que esa intromisión la puede hacer cualquiera y no necesariamente con las mejores intenciones.

Al final tendremos que volver a reequilibrar las relaciones de visibilidad en estos entornos para los que no valen las viejas normas del secreto desigual. El problema es cómo se defienden ciertos bienes públicos –la publicidad del sistema político, la veracidad de la información, el derecho a decidir sin injerencias– en un mundo en el que el control ya no puede ejercerse de manera jerárquica y con espacios cerrados. El objetivo sería conseguir que no pueda ocultarse todo lo que es relevante para el ejercicio de los derechos democráticos sin que esa permeabilidad de los espacios impida la protección de las instituciones que hacen posible el ejercicio de tales derechos.

7
La sociedad de los cálculos

Se podría decir sin exageración que desde hace algún tiempo vivimos en una sociedad desconocida. No tenemos conceptos apropiados para entender las nuevas realidades, los análisis que realizamos suelen ser deficientes y parecemos incapaces de predecir el futuro. De vez en cuando se suscita un intenso debate acerca de por qué se equivocan las encuestas, pero me temo que ése es un caso concreto que acredita una dificultad más general de predecir los acontecimientos futuros. No sólo nos cuesta adivinar el resultado de las elecciones, sino también el éxito de una serie de televisión, el comportamiento de una empresa en la Bolsa o las crisis financieras. ¿Tienen estos fracasos alguna explicación, sobre todo si tenemos en cuenta que no carecemos de sofisticados instrumentos de medición?

La sociedad es más difícil de conocer debido a su inestabilidad y aceleración. Cuando hablamos de volatilidad o imprevisibilidad estamos aludiendo al hecho de que la sociedad encaja cada vez menos en las categorías a través de las que se la mide y se actúa sobre ella. La individualización de los modos de vida ha contribuido a aumentar la volatilidad de las opiniones, la pluralización de los intereses y la diversificación del consumo. Un gran número de conductas se deja encuadrar cada vez menos en las grandes variables explicativas que han utilizado los sociólogos, los profesionales del marketing y los políticos.

Durante los últimos años se ha hablado mucho de la crisis de la representación política y este fenómeno tiene mucho que ver con el debilitamiento de los procedimientos estadísticos y los modelos predictivos que hacían inteligible el comportamiento social. La crisis de la representación, antes que un asunto político, tiene una naturaleza epistemológica. No nos sentimos bien representados porque cada vez menos gente obedece a una sola lógica, pero también porque no queremos que nos entiendan ni nos gobiernen así. En esta resistencia hacia las categorías generales hay una reivindicación explícita o implícita de la singularidad. En última instancia, la desconfianza de los individuos hacia los políticos, los periodistas, los sindicalistas o los expertos obedece al rechazo a ser engullido en clasificaciones previamente definidas. Lo máximo que uno puede aceptar es que le consideren como parte de «la gente», y de ahí el éxito de esta categoría tan leve en la que es más fácil reconocerse que en otros términos más enfáticos.

Esta lógica es también consecuencia de la individualización que acompaña al uso del mundo digital. En sociedades jerárquicas en las que el acceso al espacio público estaba muy restringido era fácil hablar en nombre del individuo mediante las categorías que lo representaban. Gobernantes, líderes de todo tipo y estadísticos hablaban por la sociedad. Esta palabra delegada aparece cada vez más como abstracta y arbitraria, incapaz de representar la diversidad de las experiencias individuales. Una vez que internet ha abierto a todos la capacidad de tomar la palabra, el monopolio ejercido por los representantes sobre la descripción de la sociedad se ha derrumbado y, con él, las categorías que permitían a unos hablar por otros y actuar en su nombre. Los individuos se representan a sí mismos o reclaman no ser reducidos a la categoría que les representa. Rechazan dejarse encerrar en categorías como la clase, la profesión, la adscripción ideológica o la nacionalidad que respondían a un mundo de estatus, a delimitaciones rígidas o identidades excluyentes.

Ahora bien, toda institución que pretenda dirigirse al público, sea una empresa que vende, un sindicato que moviliza o un partido que aspira a recibir votos, se encuentra con la dificultad de identificar los deseos de los clientes, los intereses de los trabajadores o la voluntad de los votantes en un momento en el que los nichos de mercado, la clase trabajadora o la distinción entre derecha e izquierda han dejado de ser categorías rotundas. ¿Cómo calcular la sociedad sin categorizar a las personas, sin etiquetarlas excesivamente, pero sin perder al mismo tiempo la capacidad de identificar a las personas y a los grupos sociales con cierta precisión?

Éste es el contexto en el que se presenta la solución del *big data*, cuya revolución está menos en la acumulación de datos que en el modo de calcularlos. La sociedad no se observa desde categorías en las que encajarían los individuos, sino a partir de las huellas que realmente dejan y que los singularizan. En vez de las variables estables y estructurantes, los algoritmos prefieren capturar los acontecimientos (un *click*, una compra, un desplazamiento, una interacción...) sin categorizarlos. Los calculadores sustituyen una teoría unificada de comportamientos por un mosaico constantemente revisable de explicaciones locales y conductas probables. Se trataría de los procedimientos más adecuados para entender la sociedad de los individuos y la indeterminación de sus acciones. Concebidos a partir de esta lógica, un número creciente de ámbitos sociales –la cultura, la salud, el trabajo, las finanzas... – han sido equipados con algoritmos que organizan las informaciones, ayudan a tomar las decisiones y automatizan los procesos que hasta ahora controlábamos personalmente.

Para justificar el desarrollo de estos instrumentos predictivos los promotores del *big data* descalificaron la capacidad de los juicios humanos como el origen de muchos errores, demasiado optimistas, ideologizados, sometidos a las emociones. Por decirlo con Ian Ayres, pensar con números es el modo de ser inteligente. No es casual que estos procedimientos de interpretación de nuestras sociedades hayan despertado el entusiasmo de la izquierda y la derecha; para quienes estaban especialmente interesados en la autorrealización personal, esta revolución de los cálculos prometía emanciparse de cualquier categoría totalizante y consagrar la decisión individual, pero también fue asumida por las políticas neoliberales de la década de 1980, que generalizaron los indicadores pensando así enterrar definitivamente a las ideologías en favor de una nueva objetividad tecnocrática.

No obstante, para obtener los mejores resultados de esta revolución de los cálculos hay que tomar distancia frente a ciertos mitos que la acompañan, especialmente aquél según el cual si el mundo es imperfecto es porque nos faltan los datos para corregirlo. De ser esto cierto, el cálculo permitiría reducir los errores de los gobernantes, la inexactitud de los médicos o el dispendio de los mercados.

De entrada, la revolución de los datos no nos garantiza la objetividad. Estamos ante una revolución que consagra las correlaciones sin causas y los datos sin teoría. Chris Anderson, uno de los gurús de Silicon Valley, anunciaba el final de la teoría. Los calculadores del *big data* podían buscar correlaciones sin preocuparse de un modelo que les diera una explicación. Los nuevos procedimientos estadísticos proceden de manera inductiva, buscando regularidades y haciendo el menor número posible de hipótesis. En todo caso, los modelos de comportamientos que producen son siempre *ex post.* Pero también sabemos, frente a este objetivismo extremo, que los datos brutos no existen. Toda cuantificación es una construcción que establece convenciones para interpretarlos.

Hay otra fuente de inexactitud que procede de que ciertos datos no son el resultado de una huella involuntaria, sino de una acción intencional. Como en todas las mediciones de reputación en la web, no es difícil manipular los indicadores. Las emisiones de televisión están muy atentas a los comentarios que suscitan en Twitter; las marcas cuentan los *likes* que han recibido (o comprado) en Facebook; los militantes de los partidos se instalan en sus cuarteles generales para bombardear las redes sociales cuando su candidato sale en la televisión; hay instituciones que mejoran su *per-*

formance en los indicadores y no tanto en lo que se supone que los indicadores deberían medir...

Tal vez lo más insatisfactorio de esta revolución de los cálculos es que no es nada revolucionaria. El análisis de datos actúa como un dispositivo de registro hasta el punto de tener grandes dificultades para identificar lo que en esa realidad hay de aspiración, deseo o contradicción. Como ha advertido Dominique Cardon, la ideología de esta sedicente superación de toda ideología es un «comportamentismo radical»: por un lado nos pensamos como sujetos emancipados de toda determinación, pero continuamos siendo en una medida mayor de lo que desearíamos seres previsibles al alcance de los calculadores. No es verdad que dejarlo todo en manos de nuestra decisión –como consumidores o votantes– entronice nuestra libre decisión, aunque sólo sea por el hecho de que, incluso cuando tenemos la sensación de tomar decisiones singulares, nuestros comportamientos obedecen a los hábitos inscritos en nuestra socialización. Pero es que, además, si hemos de tomarnos nuestra libertad en serio, también forma parte de ella la aspiración de modificar lo que hemos sido dando así lugar a situaciones hasta cierto punto impredecibles.

Y a este respecto los algoritmos que se dicen predictivos son muy conservadores. Aseguran que hay que confiar más en las conductas reales de los individuos y no tanto en lo que dicen querer. Los algoritmos predictivos no dan una respuesta a lo que las personas dicen querer hacer sino a lo que realmente hacen sin decirlo. Son predictivos porque formulan continuamente la hipótesis de que nuestro futuro será una reproducción de nuestro pasado, pero no entran en la compleja subjetividad de las personas y de las sociedades, donde también se plantean deseos y aspiraciones. Apenas registran, por ejemplo, la aspiración personal de dejar de fumar y continúan haciéndonos publicidad de tabaco, dando por supuesto que seguiremos fumando; en el plano colectivo, tampoco ayudan gran cosa a la hora de formular ambiciones políticas, como la lucha contra la desigualdad, que contribuyen a reproducir. ¿Cómo queremos entender la realidad de nuestras sociedades si no introducimos en nuestros análisis, además de los comportamientos de los consumidores, las enormes asimetrías en términos de poder, las injusticias de este mundo y nuestras aspiraciones de cambiarlo?

¿De qué modo deberíamos pensar entonces la relación entre los algoritmos y los humanos? Pues seguramente como una relación tensa en la que unos se corrijan a otros, pero no de sometimiento en ninguno de los dos sentidos, una relación muy alejada de la euforia digital y de la pesadilla de los tecnófobos. Ni los algoritmos se pliegan a los internautas, como sostienen unos con entusiasmo, ni los algoritmos tienen la capacidad de controlarnos absolutamente, según temen otros. Si los primeros exageran el potencial emancipatorio del *big data*, los segundos dramatizan sus riesgos totalitarios.

Ya he advertido hasta qué punto los algoritmos son conservadores y proporcionan menos libertad de la que prometen. Me faltaría completar este cuadro señalando algunas inconsecuencias de los pesimistas. Si, en relación con la técnica, los optimistas exageran las libertades que ésta nos proporciona, los pesimistas suelen minusvalorarlas. Los peligros de los que nos advierten los tecnófobos son inverosímiles cuando internet más bien ha posibilitado el acceso a los conocimientos más diversos y una gran cantidad de elecciones. Con frecuencia, quienes claman contra las amenazas a nuestra libertad son los mismos que deploran que la red permita la circulación pública a las ideas más extremistas y delirantes. Suelen ignorar también que quienes usan estos dispositivos pueden desarrollar estrategias para oponerse a la voluntad de los calculadores, como ponen de manifiesto los colectivos de apropiación ciudadana o las iniciativas para auditar los algoritmos.

En vez de dramatizar el conflicto entre los humanos y las máquinas, parece más razonable considerarlos como dos realidades que interaccionan y se modifican mutuamente.

Ciberutopistas y paranoicos forman parte del mismo coro que recibe con perplejidad las nuevas realidades del mundo digital. Cuanto antes abandonemos estas ilusiones y estos miedos, antes entenderemos el mundo actual. No vaya a ser que nuestra comprensión de la sociedad en la que vivimos sea inversamente proporcional al número de datos que tengamos.

8

Una sociedad a medida

Cuando no entendemos la sociedad, la medimos. Casi todo se puede cuantificar: la competitividad de las empresas, la popularidad de los políticos, la calidad de vida de las ciudades, el gusto del vino, la calidad del sistema educativo... Estamos configurando una sociedad de puntuaciones, rankings, calificaciones *(ratings)*, impactos, indicadores, *likes*, estrellas, tasas... Vivimos en el régimen de la omnimetría, donde todo puede medirse y nada se valora con objetividad sin las cantidades. Hay una permanente medición y valoración de cosas, personas, profesiones e instituciones.

La sociometría es una manera de compensar nuestra dificultad a la hora de interpretar la sociedad en la que vivimos. Las clasificaciones son instrumentos para ordenar la información y proporcionan ayuda a la hora de decidir sin tener que perder el tiempo en interpretar. Las clasificaciones numéricas ofrecen la ventaja de que son fácilmente comprensibles y aceptadas sin mayor cuestionamiento. Tienen el encanto de la simplicidad en medio de unos entornos que son cada vez más confusos para votantes, inversores, consumidores o estudiantes. Las mediciones alivian el desconcierto que produce la creciente incertidumbre social y permiten poner orden en la sobrecarga informativa a la que nos vemos sometidos.

Los números desempeñan una función importantísima en la sociedad contemporánea, ya sea para los mercados, la ciencia o la política. La medición de lo social permite traducir un mundo complejo en el lenguaje estandarizado de los números, en el que domina un orden claro y en principio poco discutible. Es una manera de asegurarse la corrección del juicio, sobre sí mismo y acerca de otros. Los números transmiten precisión, claridad, simplificación, imparcialidad, objetividad, verificabilidad y neutralidad. La valoración, que es algo que en principio tiene que ver con la cualidad, se formula en términos cuantitativos. Nos confiamos al carisma frío de los números para entender con su ayuda asuntos complicados y hacerlos así conmensurables, comparables con otros.

Los parámetros cuantitativos son siempre reduccionistas. De entrada, porque la medición se refiere fundamentalmente a la parte cuantitativa de las cosas. Inevitablemente, quien mide presta mayor atención a las dimensiones que se dejan medir mejor, de manera que se privilegia a éstas en relación con otros aspectos de la realidad. La cuantificación hace que destaquen determinados aspectos e invisibiliza a otros.

La lógica de la medición tiene además ciertos efectos secundarios que modifican lo medido y le quitan parte de esa pretendida objetividad. La mentalidad cuantitativa nos sitúa inmediatamente en términos de competitividad y eso dispara una determinada astucia para mejorar la apariencia. No pocas veces ocurre que las instituciones se dedican más al cuidado de la propia imagen que a mejorar su funcionamiento, que la competencia por llamar la atención está por encima de aumentar el conocimiento, que el impacto se valora más que el contenido. Hemos de tener en cuenta además que medir es una actividad que altera nuestras acciones. Muchas de las modificaciones que realizan quienes son medidos (profesores, empresarios, políticos) constituyen un claro avance (como mejorar la transparencia, la atención al cliente o el rendimiento), pero no debemos olvidar que hay quien gestiona muy bien su reputación omitiendo casi todo lo demás.

La llamada Ley de Campbell advierte de esa modificación de la realidad al ser medida. El psicólogo americano la formuló de la siguiente manera: «Cuanto más se aplica un indicador cuantitativo para las decisiones sociales, tanto más distorsiona y corrompe los procesos sociales que debería observar». El ejemplo que aducía tenía que ver con un hecho trágico de la guerra de Vietnam. En la primera fase de la guerra, el ejército americano tenía muy poca información acerca del número de bajas que producía en el enemigo y propuso que éstas se contaran para evaluar la eficacia de las unidades de combate. Esto implicaba presionar para matar al mayor número posible de enemigos, lo que incluía cada vez más a civiles, ya que en una guerrilla no está del todo clara la diferencia entre soldado y civil. Con este indicador se ponía en marcha un incentivo que resolvía esa diferencia borrosa en una determinada dirección perversa: aumentar el número de personas a las que había que eliminar.

La forma numérica se reviste de una objetividad incontestable y confiere a las opiniones una especial capacidad de imponerse. Es más difícil dudar de un juicio apoyado en datos que del que se presenta como mera opinión. La cuantificación, es decir, la transformación de los fenómenos sociales en el lenguaje de los números, consigue muchas veces sustraerse de la obligación de justificarse y se inmuniza así frente a la crítica. Apenas se les pide una justificación a los algoritmos; su carácter técnico permite ocultar los presupuestos tácitos de su elaboración, las selecciones que se han preferido y las alternativas que han sido excluidas.

Pero no es verdad que las mediciones o los indicadores sean completamente objetivos y desinteresados. Los números no son sólo matemáticas; también hacen política. Las prácticas del cálculo no son formas neutrales de lo social. Los algoritmos producen y representan lo que ha de ser considerado como relevante y valioso. Las estadísticas presumen de reflejar una realidad objetiva, pero son construcciones selectivas que en parte producen esa realidad. El mundo de los números institucionalizados prescribe a los autores cómo han de ver la realidad y de acuerdo con qué principios deben actuar.

Con demasiada frecuencia olvidamos que los números llevan consigo determinados conceptos políticos, prescripciones normativas e intereses económicos. Hoy, buena parte de la crítica social ha de consistir en llamar la atención sobre ese condicionamiento que se pretende disimular. Como es bien sabido, los resultados de las búsquedas, las listas propuestas o las sugerencias en internet están en gran medida dirigidas; el hecho de que las tres grandes agencias de calificación *(rating)* sean norteamericanas influye en sus valoraciones, menos objetivas y desinteresadas de lo que pretenden; hay distintas maneras de valorar la estabilidad monetaria, la disposición al riesgo, el desempleo o la deuda pública, de medir la pobreza o la riqueza; lo mismo se puede decir de los rankings de las universidades, que privilegian el modelo anglosajón de universidad centrada en la investigación, en detrimento de otras funciones sociales.

¿Quién tiene la soberanía en el régimen de los números? ¿Quién define las reglas según las cuales se distribuyen las valoraciones y los rangos? Las clasificaciones no se imponen por su propia evidencia, sino que son más bien el resultado de un cierto combate social en torno a lo que podríamos llamar la autoridad algorítmica. En cuanto se ha decidido consagrar un determinado indicador todos los actores se ven obligados a guiarse por él. En la lucha por la clasificación nos jugamos también una determinada distribución del poder, privilegiamos una descripción concreta de la realidad en detrimento de otra alternativa y se establecen unos criterios concretos de legitimidad.

No es extraño, por tanto, que haya cada vez más protestas que traten de romper las taxonomías institucionalizadas desenmascarando a quienes se benefician de ellas o su pretendida neutralidad. Un ejemplo de ello es lo que Isabelle Bruno ha llamado el *statactivism*, el activismo político en torno a las estadísticas. Muchos grupos se han dado cuenta de que las estructuras sociales están condicionadas por la decisión en favor de ciertos indicadores y criterios de valoración, incluidos los procedimientos automatizados. Se han constituido movimientos, como la ONG Algorithm Watch, que exigen transparencia y derecho a la crítica, especialmente por parte de quienes son clasificados de ese modo. Otro ejemplo de este tipo de controversias es el que desde hace tiempo tiene lugar en torno a la medición del Producto Interior Bruto (PIB) y que fue objeto en Francia de un informe realizado por Joseph Stiglitz, Amartya Sen y Jean-Paul Fitoussi en el que se planteaba incluir la desigualdad o las cuestiones medioambientales, por ejemplo.

Una de nuestras principales batallas políticas va a girar en torno a los conceptos apropiados a la hora de medir, la presentación pública de los datos y las consecuencias políticas que producirían. En un mundo en el que la política se confía a las representaciones cuantitativas, la lucha por el modo de medir se ha convertido ya en una tarea genuinamente democrática.

II

LA DESREGULACIÓN EMOCIONAL

Nos hemos pasado mucho tiempo examinando cómo debería racionalizarse el diálogo y la convivencia, mientras lo ignorábamos casi todo acerca de cómo se estaban configurando los nuevos espacios emocionales de las sociedades democráticas. Las guerras, la economía, la sociedad son cada vez más asuntos primordialmente emocionales, espacios sentimentales donde se despliega la ansiedad, la ira o la confianza. Esos estados de ánimo, menos encuadrados que nunca en entramados institucionales estables o tradiciones poderosas, son ahora, al mismo tiempo, fuentes de conflicto y vectores de construcción social. Cometeríamos un grave error si descalificáramos esos sentimientos colectivos como arrebatos irracionales, ignorando su enorme fuerza transformadora, como también la posibilidad de que, tras vagar en unos espacios que ya no están encuadrados políticamente, terminen en la frustración, en la desconfianza o simplemente en nada. En el gobierno de las emociones colectivas se contiene una fuerza que es clave para la transformación de las sociedades democráticas; nos jugamos ahí, para bien o para mal, muchas más cosas que en la vida política formalizada. El combate contra la perplejidad política ha de empezar con un examen de nuestro paisaje afectivo. El desconcierto político tiene más que ver con la incapacidad de reconocer y gestionar nuestras pasiones que con el orden de los conocimientos.

9

Sociedades exasperadas

No creo exagerar si afirmo que vivimos en sociedades exasperadas. Por motivos más que suficientes en algunos casos y por otros menos razonables, se multiplican los movimientos de rechazo, rabia o miedo. Las sociedades civiles irrumpen en la escena contra lo que perciben como un *establishment* político arrogante, ajeno al interés general e impotente a la hora de enfrentarse a los principales problemas que agobian a la gente.

Probablemente todo esto deba explicarse sobre el trasfondo de los cambios sociales que hemos sufrido y nuestra incapacidad tanto de entenderlos como de gobernarlos. Asistimos impotentes a un conjunto de transformaciones profundas y brutales de nuestras formas de vida. Hay quien culpabiliza de estos cambios a la globalización, otros a los emigrantes, a la técnica o a una crisis de valores. En cualquier caso, abordamos estas mutaciones con irritación, convencidos de que no tenemos ninguna capacidad de iniciativa sobre ellas. Hay decepcionados por todas partes y por muy diversos motivos, frecuentemente contradictorios, en la derecha y en la izquierda, a los que ha decepcionado el pueblo o se sienten traicionados por las élites; unos lamentan la falta de globalización y otros su exceso. Este malestar se traduce en fenómenos tan heterogéneos como el movimiento de los indignados o el ascenso de la extrema derecha en tantos países de Europa. Por todas partes crece el partido de los descontentos. En la competición política tienen las de ganar quienes aciertan a representar mejor los malestares. Y no hay nada peor que comparecer ante la opinión pública como quien se resigna al actual estado de cosas, lo que probablemente explique a qué se deben las dificultades de los partidos clásicos, que son más conscientes de los límites de la política, menos capaces de hacerse cargo de las nuevas agendas y que mantienen unas posiciones equilibradas que resultan incomprensibles para quienes están enfurecidos.

La extensión de tal estado emocional no sería posible sin los medios de comunicación y las redes sociales. En esta sociedad irascible, gran parte del trabajo de los medios consiste precisamente en poner en escena los ataques de ira, mientras que las redes sociales se encienden una y otra vez dando lugar a verdaderas burbujas emocionales. En esta mezcla de información, entretenimiento y espectáculo que caracteriza a nuestro espacio público se privilegian los temperamentos sobre los discursos. Las virulencias se ven como ejercicios de sinceridad y los discursos matizados como inauténticos; quienes son más ofensivos ganan mayor atención en la esfera pública. Gracias a los medios y las redes sociales hay una plusvalía que se concede a quienes saben asegurar el espectáculo. Todo esto deja en el aire una pregunta inquietante: ¿y si los medios estuvieran potenciando y entreteniendo la impotencia democrática, es decir, inflando nuestras expectativas, subrayando las incapacidades colectivas, amplificando nuestros miedos y ofreciendo una mayor atención a los provocadores?

Deberíamos comenzar, no obstante, reconociendo la grandeza de la cólera política, de esa voluntad de rechazar lo inaceptable y su insaciable exigencia de justicia, contra la falta de atención que la sociedad de los dominantes presta a los perjudicados. Quien no se escandalizara de nada renunciaría a una dimensión esencial de la ciudadanía: permanecer sensible a lo que se ve. Y la realidad de nuestro mundo es escandalosa, en general y en detalle. No faltan motivos para enfadarse o, por decirlo con Jean-Paul Sartre, «*se révolter*». Mientras que la apatía pone los acontecimientos bajo el signo de la necesidad y la repetición, la cólera descubre un desorden tras el orden aparente de las cosas, se niega a considerar el insoportable presente como un destino al que someterse. Esta capacidad de hacer frente a lo inaceptable ha sido objeto de variados elogios a lo largo de la historia, desde Aquiles y la reflexión homérica sobre la cólera hasta las revoluciones modernas y contemporáneas. La cólera política pone de manifiesto que ser civilizados y comportarse ordenadamente no basta para construir la convivencia. Una sociedad que rechazara toda expresión de la pasión, también de las más excesivas, sería una sociedad apática, sin los recursos de la impugnación, el conflicto y la crítica. La aventura democrática no está sólo hecha de intercambios interesados y cálculos de utilidad, sino también de la irreductible impetuosidad de los conflictos.

El cuadro de las indignaciones estaría incompleto si no tuviéramos en cuenta su ambivalencia y cacofonía. No valen lo mismo todas las indignaciones, porque las hay también homófobas y racistas, mientras que otras se revuelven contra las desigualdades y la dominación. El disgusto ante la impotencia política ha dado lugar a movimientos de regeneración democrática, pero también está en el origen de la aparición de esa derecha sin complejos que avanza en tantos países pidiendo orden y eficacia a costa de otros valores más importantes. Hay víctimas, pero también victimismos de muy diverso tipo; además, el estatus de indignado, crítico o víctima no le convierte a uno en políticamente infalible.

Para ilustrar esta variedad de iras colectivas pensemos en cómo la política americana ha visto nacer después de 2008 dos movimientos de auténtica cólera social de signo contrario (el Tea Party y Occupy) así como en el hecho de que los últimos ciclos electorales han estado marcados por la polarización política y el ascenso de los discursos extremos. El éxito de Donald Trump en los sondeos ha sido interpretado como la gran cólera del pueblo conservador. Pero a veces se olvida que lo que impulsó al Tea Party fue el anuncio del Gobierno de Barack Obama de nuevas medidas de rescate financiero a los grandes bancos, exactamente lo mismo que puso en marcha los movimientos de protesta en la izquierda altermundialista. Una misma decisión y dos reacciones opuestas en los extremos políticos. Concretamente, el Tea Party expresa el típico populismo americano. Se describe a los «productores» honestos como las víctimas de un sistema que privilegia a los inútiles y a los parásitos, los especuladores de los bancos y de las compañías del ferrocarril en torno a 1880, Wall Street hoy... Un discurso que en realidad no es ni de izquierdas ni de derechas, que puede servir para una cosa y su contraria, que conecta con sectores muy diversos de la población y que muestra muchas afinidades con maneras de pensar que podríamos situar en las antípodas ideológicas.

O pensemos en el creciente número de desafectos hacia el proyecto europeo que comparten el objeto de sus iras desde planteamientos ideológicos antagónicos. Hay quien está indignado porque la integración europea pone en peligro la identidad de las naciones, pero también quienes se indignan por la incapacidad de ir más allá de las naciones y dar una solución transnacional, por ejemplo, al drama de los refugiados; unos critican la falta de legitimidad democrática de las instituciones comunes y otros su inoperancia, para cuya superación se habrían de adoptar medidas contrarias y, en ocasiones, antitéticas.

A la indignación le suele faltar reflexividad. Michaël Foessel ha designado como «cóleras vanas», autorreferenciales, a aquéllas que son insensibles a las razones y los afectos de los otros, y no se creen obligadas a precisar los suyos. Por eso tenemos buenos motivos para desconfiar de las cóleras mayoritarias, que frecuentemente terminan designando un enemigo, el extranjero, el islam, la casta o la globalización, con generalizaciones tan injustas como lo que se denuncia y dificultando así la imputación equilibrada de responsabilidades. Hay que distinguir en todo momento entre la indignación frente a la injusticia y las cóleras reactivas que se interesan en designar a los culpables mientras que fallan estrepitosamente cuando se trata de construir una responsabilidad colectiva.

El hecho de que la indignación esté más interesada en denunciar que en construir es lo que le confiere una gran capacidad de impugnación y lo que explica sus límites a la hora de traducirse en iniciativas políticas. Una sociedad exacerbada puede ser una sociedad en la que nada se modifica, incluido aquello que suscitaba tanta irritación. El principal problema que tenemos es cómo conseguir que la indignación no se reduzca a una agitación improductiva y dé lugar a transformaciones efectivas de nuestras sociedades. Y es que estas cóleras que agitan a los decepcionados de uno u otro signo pueden también generar una nueva frustración, una resignación que desemboque en el abandono del campo político. En un momento histórico en el que los compromisos son más inciertos, aunque no falten motivos para indignarse, el poder transformador de la cólera es menos evidente. ¿Cómo hacer para que la indignación no sea ese enervamiento tranquilizador que revela la incapacidad de representarse un futuro viable?

Ante el actual desbordamiento de nuestras capacidades de configuración del futuro, las reacciones van desde la melancolía a la cólera, pero en ambos casos hay una implícita rendición de la pasividad. En el fondo, estamos convencidos de que ninguna iniciativa propiamente dicha es posible. Los actos de la indignación son actos apolíticos, en cuanto que no están inscritos en construcciones ideológicas completas ni en estructura duradera de intervención alguna. Generalmente, lo político comparece hoy bajo la forma de una movilización que apenas produce experiencias constructivas, se limita a ritualizar ciertas contradicciones contra los que gobiernan, quienes a su vez reaccionan simulando diálogo y no haciendo nada. Tenemos una sociedad irritada y un sistema político agitado, cuya interacción apenas produce nada nuevo, como tendríamos derecho a esperar dada la naturaleza de los problemas con los que tenemos que enfrentarnos.

La política se reduce, por un lado, a una práctica de gestión prudente sin entusiasmo y, por otro, a una expresividad brutal de las pasiones sin racionalidad, simplificada en el combate entre los gestores grises de la impotencia y los provocadores, en François Hollande y Marine Le Pen, por poner un ejemplo (la Hollandia y la Lepenia, como decía Dick Howard refiriéndose a la Francia de estos últimos años). Cuando el lenguaje político se degrada y parece no tener otros recursos que la retórica de la gestión tecnocrática y la de los mensajes publicitarios, el lenguaje elemental de la cólera termina ganando la batalla.

La miseria del mundo debe ser gobernada políticamente. Se trataría de acabar con las exasperaciones improductivas y reconducir el desorden de las emociones hacia la prueba de los argumentos. Nos lo jugamos todo en nuestra capacidad de traducir el lenguaje de la exasperación en política, es decir, convertir esa amalgama plural de irritaciones en proyectos y transformaciones reales, dar cauce y coherencia a esas expresiones de rabia y configurar un espacio público de calidad donde todo ello se discuta, pondere y sintetice.

10

La ansiedad colectiva

A medida que disminuye la capacidad de muchos instrumentos con los que tratábamos de comprender la sociedad aumenta el poder de los afectos y las emociones para explicar la conducta social. Los sentimientos son de las personas, por supuesto, pero los hay también de las sociedades, en las que se producen constelaciones emocionales, atmósferas afectivas, sentimientos generalizados que explican buena parte de lo que sentimos, expresamos o hacemos. Los sentimientos pueden estar, como suele decirse, a flor de piel, pero también fuera de ella, vagando como una propiedad colectiva.

Uno de esos sentimientos, personales y colectivos, de nuestras sociedades es la ansiedad. Nuestro mundo parece ser más incierto, más inseguro y, por consiguiente, más ansioso que el anterior, en el que había mucha penuria, pero al menos podía contarse con un futuro calculable, unas sociedades estructuradas e incluso unas amenazas identificables. Era posible adoptar decisiones bien informadas con un sistema estable de partidos, un trabajo seguro y una expectativa de que las condiciones de vida –en ocasiones, penosas– no iban a cambiar excesivamente. El panorama actual es muy distinto: las condiciones inciertas de trabajo, el desconcierto que produce la volatilidad de los cambios, la dificultad de distinguir entre información y rumorología, la naturaleza de los nuevos conflictos que, como el terrorismo, representan una amenaza difusa e indiferenciada... Todo esto produce irritación, desconcierto, inseguridad y ansiedad, no tanto por los daños que ocasiona sino por la dificultad de identificarlos y protegerse contra ellos. Hay ansiedad acerca del mundo, de su futuro y del futuro personal y colectivo asociados a él. Tenemos un paisaje colectivo en el que se contagian y realimentan los afectos caóticos de un precariado ansioso, consumidores compulsivos, sociedades en alerta máxima, mercados histéricos, amenazas ubicuas y ciudadanos desconfiados.

En la historia del pensamiento psicoanalítico la ansiedad se describe como una forma de miedo que carece de objeto de referencia. Los individuos ansiosos viven en una condición de peligro flotante, incapaces de describir la fuente de su aflicción, y eso refuerza su malestar. La lógica de la ansiedad representa una ruptura en relación con las lógicas del miedo y el riesgo. El objeto de la ansiedad no es identificable, de manera que la seguridad resulta mucho más limitada. Los tiempos ansiosos producen un miedo cuya fuente nos es desconocida. Tener miedo de algo inconcreto, enfrentarse a un futuro con un nivel de incertidumbre superior a lo que estamos en condiciones de soportar, produce en nosotros una inquietud especialmente intensa.

La nueva ansiedad altera la tradicional ecuación de peligro y protección que daba forma y legitimidad a nuestras instituciones sociales, económicas y políticas. Antes había amenazas concretas y protecciones en mayor o menor medida eficaces; hoy tenemos riesgos indeterminados y promesas de seguridad que actúan como placebos. En la sociedad de la ansiedad se mantienen las viejas prácticas para proporcionar seguridad con una eficacia más limitada. La perplejidad que todo ello produce es lo que explica el tono negativo que se ha apoderado de la política. Casi todos los agentes políticos cuentan una historia de descontento y frustración a los electorados. Una característica de los actuales discursos políticos es la proliferación de ideas y categorías centradas en la suposición de que va a ocurrir un desastre. La prevención se ha convertido en una estrategia clave, lo que parece muy razonable, pero también hay fenómenos de histeria y ofertas populistas de protección con las que es fácil seducir a una buena parte de la sociedad.

Cuando de lo único que parecemos seguros es de que el futuro puede ser muy diferente del presente, y de modos imprevisibles, no hay manera de refutar cualquier motivo de inquietud. La ansiedad fija a los sujetos en el momento presente y desmonta los sueños e ilusiones por un futuro mejor. De esta fijación en el presente forma parte la velocidad informativa, que hace tiempo ha dejado de servir para que nos hagamos una idea coherente de lo que sucede y funciona, en cambio, como ruido que calma nuestra desorientación. Con el aumento de la información disponible y su actualización impulsiva, no es que estemos mejor informados, sino que podemos creer que estamos exonerados de ejercer la reflexión personal.

Otro asunto que incrementa la ansiedad colectiva es el terrorismo y su gestión. En vez de contra una amenaza tangible, las prácticas de seguridad en un horizonte ansioso trabajan sin saber exactamente lo que están buscando. Este desconcierto delata la sorpresa con que nos interrogamos por los motivos que llevaron a la violencia a los jóvenes de Ripoll o al jubilado de Las Vegas (ambos en 2017). Los instrumentos de control y vigilancia construyen unos criterios de sospecha por medio de algoritmos, datos y confiscación de la información privada. Campañas de seguridad, sospecha hacia el emigrante, prácticas de detención indiscriminadas, etcétera, normalizan la desconfianza y la sospecha. Se examina a las personas y los grupos como si no fueran lo que parecen ser. La actitud de desconfianza da lugar a numerosas paradojas, como la de aumentar la sensación de desconfianza. El incremento de la sospecha en las sociedades abiertas acentúa la lógica de la ansiedad. La vigilancia incrementa la sospecha y, a su vez, la sospecha impulsa a aumentar la vigilancia. Pensemos, por ejemplo, en la exigencia de transparencia universal, que tiene el efecto lateral de que cualquier zona de sombra se convierte en algo inquietante. La sospecha generalizada borra la diferencia entre racionalidad y pánico, entre anticipación razonable y ansiedad fuera de control. La desconfianza se ha convertido en una actitud generalizada detrás de la sospecha hacia quienes no nos son familiares, hacia el extraño, reforzando así la polarización y la exclusión. Desconfía quien milita a favor de la transparencia democrática, pero también el xenófobo, coincidiendo involuntariamente en la creación de un clima que incrementa la ansiedad colectiva.

¿Qué podemos hacer para detener estos círculos infernales que desgarran el equilibrio emocional de las personas y las sociedades? En unos momentos en que gobernar ya no significa garantizar la seguridad, sino gestionar las inseguridades, probablemente lo más revolucionario sea la serenidad, un valor que debería apreciarse más en nuestros gobernantes y que deberíamos cultivar también entre nosotros, en tanto que ciudadanos, votantes, consumidores, espectadores... o simplemente, en tanto que seres humanos.

II

La globalización del sufrimiento

Las guerras ya no son lo que eran. Estamos perplejos ante conflictos bélicos y acciones terroristas que no sabemos bien cómo entender y menos aún de qué manera combatir. Los atentados del terrorismo yihadista, la misma naturaleza del autodenominado Estado Islámico (ISIS), tienen unas propiedades que no cuadran con las viejas categorías bélicas. Los nuevos conflictos tienen muy poco que ver con las guerras de nuestra historia: se llevan a cabo sin estados, sin ejércitos, fuera de toda lógica territorial. Por eso, los clásicos instrumentos militares pierden buena parte de su eficacia en estos nuevos conflictos. Nos enfrentamos a adversarios que no tienen ni territorio, ni gobierno, ni fronteras, ni diplomáticos, ni asiento en el Consejo de Seguridad, ni verdaderas razones para negociar...

Podríamos decir que las guerras son un asunto cada vez más social que militar. En otros momentos de la historia, las guerras no implicaban más que a una élite que las llevaba a cabo como si fuera un torneo entre dirigentes; actualmente se insertan en las sociedades y se dirigen más a los civiles que a los militares. Se podría afirmar que la guerra de los pobres ha sustituido a la competición entre los poderosos. No se trata de una confrontación entre poderes establecidos, sino que es, por el contrario, efecto de la fragilidad debida a la ausencia de instituciones, a la precariedad del vínculo social, a la miseria que encuentra en las sociedades guerreras un medio por el que canalizarse. Son conflictos que se alimentan de patologías sociales que transcienden el juego interestatal y que requieren, sobre todo, un tratamiento social. La guerra –si es que todavía puede utilizarse esta palabra– se socializa cada vez más. No solamente porque implica a más civiles, sino porque sus causas están más en los dramas sociales que en las estrategias políticas de los dirigentes.

Explicar de dónde surgen los conflictos, cuáles son sus causas profundas, no disculpa ni relativiza la agresión, pero sirve para combatir sus causas, más allá de las respuestas que haya que dar en cada momento a sus manifestaciones. Creo que estos nuevos conflictos se explican al menos por tres propiedades: la desintegración social, el contagio que caracteriza a un mundo interdependiente y el carácter global de la desigualdad.

Comencemos por la desintegración social y la debilidad institucional. Lo esencial de estos conflictos hay que buscarlo en el recorrido que conduce desde los sufrimientos sociales a una violencia globalizada. El sociólogo francés Émile Durkheim puso en el centro de su pensamiento la idea de que la falta de integración social conduce a patologías graves. Dicho de otra manera: lo económico no basta para crear una verdadera integración de la sociedad, que implica siempre un mínimo de redistribución y un reconocimiento del otro. Aquello que Durkheim consideraba indispensable para las naciones de finales del siglo XIX se ha convertido hoy en algo también indispensable a nivel mundial. No es exagerada esta analogía si tenemos en cuenta que la globalización ha alcanzado un nivel de proximidad, visibilidad y densidad social equivalente al que tenían los estados europeos a finales del XIX. La paz mundial está amenazada por la falta de integración social internacional, del mismo modo que las desigualdades domésticas lo hacían en un mundo en el que los estados nacionales eran casi la única referencia para la medición de la desigualdad. El problema es que, por así decirlo, el sufrimiento se internacionaliza a más velocidad que nuestra capacidad de integrar a ese mundo institucionalmente. Estamos en unos momentos en los que lo internacional es más bien intersocial, como sugiere Bertrand

Badie. Esta intersocialidad corre más deprisa que la decisión política y produce sus efectos antes de que la política se haga cargo de ella.

En segundo lugar, un mundo interdependiente significa que es contagioso y está desprotegido. Los problemas se expanden y nos afectan a todos. Es un mundo en el que ya no podemos ignorarnos, donde la desatención hacia las miserias de otros no nos protege de su influencia sobre nosotros. La indiferencia no es posible, ni material ni éticamente. La idea de interdependencia significa precisamente que todos dependemos de todos, el débil del fuerte, por supuesto, pero cada vez más también el fuerte del débil, cuyo sufrimiento termina por alcanzar al que se creía más a salvo. ¿Qué seguridad podemos tener en un mundo en el que todos estamos vinculados con todos, donde la violencia no se detiene ante ninguna frontera, como tampoco lo hacen las enfermedades o la contaminación?

Y, en tercer lugar, la desigualdad se ha convertido en una magnitud global. En un espacio visible y comunicado la referencia para valorar la propia situación tampoco se para en las propias fronteras. De ahí la intensidad de los movimientos migratorios y la inutilidad de limitarlos cuando las aspiraciones de igualdad se formulan a escala global y los parámetros de comparación han desbordado el seno de los estados. El hambre, el paro, las guerras, la inseguridad sanitaria, la debilidad de las instituciones, todo eso contrasta con las posibilidades abiertas en otros lugares del mundo y desata el movimiento imparable de los desesperados. La brutalidad de los contrastes sociales se ha convertido en un generador de desplazamientos masivos. Un mundo a la vez unificado y extremadamente desigual es fuente de inestabilidad e inseguridad.

Si queremos gobernar esta globalización del sufrimiento no tenemos más remedio que llevar a cabo una política social de la globalización, que implica regulación, solidaridad y cooperación, es decir, introducir en la agenda global los grandes asuntos sociales internacionales. Hemos dado algunos pasos, pero claramente insuficientes. Hasta el Programa de las Naciones Unidas para el Desarrollo (PNUD) de 1966 teníamos un modelo de desarrollo que sólo atendía a variables económicas. A partir de ese momento, las consideraciones sociales globales entraron a formar parte del análisis de la situación internacional. Más tarde, el Índice de Desarrollo Humano (IDH), que inicialmente tenía en cuenta un número limitado de variables, comenzó a ampliar la agenda de la seguridad e incluyó las dimensiones sociales. De una manera todavía insuficiente, el sufrimiento colectivo se ha ido haciendo un hueco en las prioridades globales. Así lo plantea la Agenda por la paz elaborada en la cumbre del Consejo de Seguridad de las Naciones Unidas el 31 de enero de 1994: «Extirpar las causas más profundas de los conflictos: miseria económica, injusticia social y opresión política».

Hemos entrado en la era de los conflictos de la exclusión social, en relación con los cuales la intervención militar es una solución claramente insuficiente. No se combate la violencia de extracción social con intervenciones armadas. Se trataría de dar prioridad a las cuestiones sociales internacionales o, dicho de otra manera, entender las cuestiones internacionales desde la perspectiva de lo social. Hay una cuestión social global que se debe diagnosticar y gestionar como se hizo con la cuestión social que se planteaba en el interior de los estados durante los siglos XIX y XX.

12

Nostalgia de las pasiones tranquilas

La crisis económica ha puesto de manifiesto la singular transformación emocional del capitalismo contemporáneo. Se ha modificado la función que el liberalismo asignó a las pasiones y los intereses. El capitalismo del siglo XVII entendió la codicia como una pasión útil que podía suministrar tanto la fuerza para mantener la voluntad de ganar como para limitar las pasiones autodestructivas. El interés económico sería un híbrido de pasión y razón, un mediador entre la codicia y la calculabilidad. En esta utilidad económica de las pasiones se basa la idea de la transformación de los vicios privados en virtudes públicas tal como se expresa en la fábula de las abejas de Bernard de Mandeville. La codicia sería socialmente útil porque mantiene la voluntad de ganar por encima de la confortable satisfacción de las necesidades materiales. Cuando la codicia se vincula a los intereses económicos, y se limita su potencial de excitación, se transforma finalmente en lo que David Hume llamaba una «pasión tranquila» de clara utilidad económica y social.

Ahora bien, ¿funcionan así las cosas en la actual economía financiarizada? ¿Está sostenida por el motor de unas pasiones tranquilas que se traducen en utilidad general o por una codicia que no es tanto propiedad de los individuos como una dinámica de los sistemas? La codicia es una fuerza dinamizadora de la economía, pero también sabemos que puede ser un deseo ilimitado que encuentra su placer no tanto en la consecución como en la expectativa. Lo que estamos comprobando es que, en los actuales mercados financieros, la codicia cada vez es menos capaz de ejercer esa función de utilidad que le adjudicaba el liberalismo clásico y que ha disparado las expectativas, convertidas en la verdadera pulsión económica. ¿Por qué esto es así?

Los mercados financieros han permitido estimular continuamente las expectativas de mayores ganancias y más arriesgadas. Cuanto mayor es la disposición al riesgo, mayores son las ganancias posibles y menor el sentido de responsabilidad. Esto vale fundamentalmente para los negocios que tienen lugar en el ámbito financiero, pero también ocurre en los departamentos de inversiones de los bancos, que quieren asumir los mismos riesgos y obtener las mismas ganancias. Los bancos apenas pueden poner límites sistémicos frente a los mercados financieros, de manera que no limitan el incremento de beneficios de los valores especulativos.

En la medida en que los bancos operan en el negocio del crédito, en la financiación de las empresas o en la administración de patrimonios privados lo que encontramos son actividades económicas que, en su dimensión objetiva, tienen que ver con actividades económicas con fines y objetivos; en su dimensión temporal, su duración es larga y no dependen de acontecimientos o decisiones; en su dimensión social, tales actividades económicas están vinculadas a relaciones sociales duraderas, que son a su vez fundamento de estabilidad y confianza.

Ahora bien, todo es muy diferente cuando el negocio principal de los bancos consiste en especular en los mercados financieros. En ese caso no hay inversiones, sino apuestas que no se identifican con los objetos sobre los que se arriesga y son pura autorreferencia. El especulador no trata de evitar esos momentos de incertidumbre que todo inversor de su propio capital pretende excluir en la medida de lo posible. Y no lo hace porque esos momentos de incertidumbre son precisamente lo que quiere aprovechar con sus apuestas económicas; los concibe como excitación que quisiera repetir continuamente.

Las dimensiones temporales de los mercados financieros contribuyen a las turbulencias emocionales que se siguen de la rápida secuencia de expectativa y decepción, euforia y depresión, codicia y miedo. El horizonte temporal extremadamente corto en el que actúan los *brokers* y los gestores de fondos excita la expectativa de mayores ganancias en tiempos cada vez más breves.

Los ritmos de los mercados financieros, de una cadencia extremadamente corta, suponen una desconfianza generalizada en la capacidad de controlar el futuro, una explotación excesiva del presente, una economización de las más pequeñas unidades de tiempo y, finalmente, una ruinosa competición en torno al «último momento», que da la ventaja definitiva a quienes compiten por los mayores beneficios. La codicia de los bancos de inversiones no es una propiedad que habría de predicarse de las personas, sino un principio estructural de su modo de actuar. La codicia acompaña necesariamente a un tipo de competencia en la que rige el criterio de no desaprovechar la oportunidad de un rendimiento todavía mejor. De este modo, unos meses antes de que estallara la crisis estábamos en una situación similar a aquella carrera de coches a toda velocidad hacia un muro en la que gana el último que frene. Como nadie está dispuesto a frenar porque el de al lado frenará un poco más tarde, finalmente todos se estrellan contra el muro. El riesgo de las pasiones dañinas se pone de manifiesto en esta colectiva huida hacia delante, mimética y estúpida.

En la crisis financiera de 2008 la creencia en que los riesgos se pueden calcular, asegurar y vender a otros incitó a asumir más riesgos. Al mismo tiempo, diversas instancias contribuyeron a producir la ilusión de que las cosas estaban controladas: la matemática financiera consideraba que los riesgos eran calculables y la ciencia económica dominante, mediante la «teoría de los mercados eficientes», afirmaba poder demostrar la plena racionalidad de la formación de los precios en los mercados financieros. La supuesta protección frente a los riesgos que prometían dichas instancias y mecanismos institucionalizó en los mercados financieros el potencial de adición que es propio de toda codicia.

Sobre los mercados financieros y en los bancos se han instalado unos procedimientos que actúan de manera exactamente contraria a la neutralización de las pasiones dañinas pretendida por el liberalismo clásico. Si el cálculo de los intereses económicos se revela como una ilusión, entonces no puede haber una mediación entre pasión y razón en los mercados financieros. La codicia no puede convertirse en una pasión tranquila mientras no se reduzca el potencial de excitación de la *fancy finance,* de los bancos de inversiones y los productos derivados, mientras el oficio de banquero no vuelva a ser –como recomendaba Paul Krugman– un asunto aburrido. El capitalismo no puede renunciar a la ambición de ganancia, que es tan vieja como el dinero, pero deberíamos poder reducir la gratificación que se concede a la codicia en los mercados financieros de este capitalismo emocional. La función de eso que llamamos «gobernanza financiera global» tendría que ser un cierto retorno a las emociones tranquilas, a las que se echa de menos en el actual torbellino financiero de las pasiones destructivas.

13

Alguien en quien confiar

¿Son los jubilados unos analfabetos financieros? Según el banquero Miguel Blesa, no deberían serlo y el escándalo de las preferentes es un falso problema, ya que todo se resuelve en una relación entre clientes maduros y banqueros, que no son responsables de la ignorancia ajena. Recordemos de dónde surge el asunto: la comercialización masiva de participaciones preferentes entre los pequeños ahorradores. Las entidades bancarias ofrecieron este producto dando a entender que se trataba de renta fija cuando no lo era. Y al tratarse en su mayoría de inversores inexpertos creyeron que era una inversión segura, como si fueran acciones o depósitos garantizados, cuando muchas veces realmente se parecían más a una apuesta.

El tiempo y los tribunales dirán quién tiene razón, quién ha corrido excesivos riesgos y quién ha sido literalmente engañado. Para juzgar a unos y otros tendríamos que saber en qué condiciones se concedieron las preferentes, si tuvieron la suficiente información, si se les presionó minimizando los riesgos que asumían o si no se trató más que de inversores deseosos de ganancias fáciles en una época propicia para ello.

Las declaraciones del banquero ante el juez y, en general, todo lo relativo a las preferentes plantean un problema que tiene que ver con el modo en que se relacionan los legos y los expertos, probablemente uno de los dilemas más importantes que hemos de resolver en la sociedad contemporánea. Es tal la complejidad de muchas de las cosas que tenemos entre manos –desde un coche hasta un producto financiero– que no hay más remedio que confiar en alguien, lo que no nos exime de una cierta responsabilidad, pero tampoco puede servir para justificar cualquier abuso. Del modo en que articulemos complejidad, saber experto y confianza dependen muchas cosas decisivas que debemos regular con criterios de justicia.

Estamos en un momento peculiar en la evolución de nuestras sociedades porque conviven muchas relaciones asimétricas con una evolución que parece ponernos a todos en pie de igualdad; la sociedad se horizontaliza y aceptamos con dificultad relaciones que consagren una jerarquía injustificada, pero también hay más expertos que nunca y dependemos de ellos más de lo que solemos suponer. Por un lado, todos nos consideramos igualmente competentes (y juzgamos a los cocineros, criticamos a los arquitectos, evaluamos a nuestros profesores, denostamos a los políticos o pontificamos sobre el fútbol), pero nunca hubo tanta necesidad de *coaching*, asesoramiento, consultoría o libros de autoayuda. ¿Quién tiene más capacidad de juicio: los clientes o los hosteleros, los alumnos o los profesores, los usuarios o los propietarios, los lectores o los críticos literarios?

Depender de los expertos amplía nuestras posibilidades, pero nos resulta especialmente incómodo en un momento en el que las mediaciones parecen más prescindibles que nunca. ¿Cómo vamos a resolver esta aparente contradicción? ¿Tiene razón Blesa y los preferentistas son unos irresponsables o sigue habiendo una distancia entre quienes saben y quienes confían que sitúa la responsabilidad más bien en el tejado de los expertos? El cinismo del banquero es igualitario y la queja de los estafados presupone una relación de dependencia; lo dicho por Blesa parece más acorde con la capacidad de juicio que reivindicamos para nosotros mismos como ciudadanos competentes, mientras que la indignación de los preferentistas pone de manifiesto que, por mucho que avancemos en la igualdad, siempre habrá diferencias en cuanto al conocimiento de ciertas cosas y que esa diferencia se salva con la confianza (que puede ser defraudada).

Creo que esta cuestión remite a tres constataciones: que la complejidad de las realidades en las que vivimos hace inevitable el recurso a los expertos, que los expertos nos decepcionan continuamente y que pese a todo (pese a sus fracasos y al incremento de nuestras competencias) vamos a seguir necesitándolos, por lo que debemos establecer con la mayor precisión cuáles son sus obligaciones y las nuestras.

En primer lugar, los expertos son inevitables. Esto que voy a decir no es un trabalenguas, aunque lo parezca: sabríamos muy poco si sólo supiéramos lo que podemos comprobar personalmente; apenas podríamos decidir si únicamente decidiéramos cuando estuviéramos personalmente seguros. Sin los expertos sucumbiríamos ante la complejidad epistémica del mundo. Quienes tienen que tomar decisiones están rodeados de comisiones e informes; por haber, hay incluso especialistas en cuestiones de ética, que son las más ligadas al juicio y a la conciencia personal, las menos delegables. Se ha configurado todo un mercado de científicos, técnicos y expertos gracias al cual nos podemos informar acerca de lo que debe hacerse en un momento determinado. Consultar a los expertos es un modo de disminuir el riesgo de las malas decisiones. Los expertos se caracterizan por una actitud desinteresada, objetiva, pragmática e independiente hacia la realidad, que es una disposición muy necesaria en un mundo de creciente complejidad. Si existen «gobiernos técnicos», expertocracia o autoridades funcionales es precisamente porque hay decisiones que no están al alcance de cualquiera.

Pero también es cierto que los expertos nos decepcionan con frecuencia y que debemos administrar con prudencia nuestra confianza en ellos. Basta con recordar el fracaso de las previsiones de la Economía o el mal funcionamiento de las agencias de *rating* con ocasión de la crisis económica. Sin necesidad de recurrir al caso extremo de las crisis, la confianza en los expertos sólo puede ser limitada si tenemos en cuenta la falta de unidad de sus juicios y pronósticos. Para cada tema hay expertos que sostienen opiniones enfrentadas y con intereses contrapuestos, por lo que no deben disponer de un saber tan indiscutible ni de una actitud tan desinteresada. Frecuentemente se adoptan decisiones ideológicas con apariencia de objetividad y encubiertas por la supuesta imparcialidad de los expertos y sus razones aparentemente neutrales. El hecho de que tras los científicos se adviertan no pocos intereses y tomas de partido ideológicas hace que la posición de los científicos junto a los centros de decisión se distinga cada vez menos del *lobbismo*. La ciencia tiene un papel esencial en nuestras decisiones colectivas, pero la idea de que todas las decisiones podrían apoyarse en una objetividad indiscutible se ha revelado como una ilusión. La ciencia del siglo XXI es algo mucho más plural de lo que era en el siglo XVIII.

Pese a esta decepción, y pese a nuestra mayor capacitación, vamos a seguir necesitando a los expertos. Nadie nos va a exonerar de la dificultad de administrar con prudencia la confianza y la sospecha. La ignorancia hace inseguro al ser humano, pero el saber experto le vuelve receloso. Dependemos de los expertos, pero esa dependencia no nos agrada. Hay también todo un resentimiento contra los administradores del saber especializado, que en ocasiones no es más que la razonable desconfianza frente a quienes administran la objetividad, pero que puede convertirse en una torpe autolimitación (y que nos impediría el acceso a la tecnología, la información, la comunicación, la inversión, es decir, todo aquello para lo que necesitamos fiarnos de otros).

Volvamos a la cuestión del principio. ¿Qué es más decisivo en el asunto de las preferentes, la responsabilidad de los usuarios o la de los expertos financieros? En la relación que se establece entre ambos está implícito que la obligación de informar se corresponde con el deber de informarse. En tanto que clientes, la confianza y la delegación no tendrían que desactivar completamente nuestros dispositivos críticos. Ahora bien, cuando los asuntos que están en juego sobrepasan un cierto nivel de complejidad, la asimetría de las capacidades cognitivas implica también una dimensión de confianza inevitable y, por consiguiente, una desigual responsabilidad. Hay una directiva europea sobre el mercado de instrumentos financieros que obliga a los bancos a someter a un examen a sus clientes antes de venderles productos financieros complejos. Sí, la denostada burocracia europea ha entendido mejor cómo impedir el abuso de la confianza que algunos banqueros cercanos. Siempre habrá una distancia en el conocimiento de las cosas y, por tanto, una diferencia de responsabilidad. Si no fuera así, si los clientes somos o deberíamos ser tan competentes como los proveedores de servicios financieros, entonces ¿cómo es que no cobramos lo mismo?

III

LA POLÍTICA EN UNA ZONA DE SEÑALIZACIÓN ESCASA

El mundo está lleno de informaciones acerca de cómo conducirse en él: mapas, indicaciones, referencias, brújulas y otros sistemas cada vez más sofisticados nos indican dónde estamos, hacia dónde nos dirigimos y cuál es la naturaleza de los elementos con los que nos iremos encontrando en nuestro desplazamiento. Las cosas se complican cuando no se trata de espacios físicos sino políticos, en los que hay una dimensión de sentido e interpretación que es menos evidente e implica juicios de valoración: entonces lo que nos interesa son asuntos como saber en qué consiste la legitimidad, si algo es democrático, quién tiene la autoridad de decidir qué o a quién imputar determinadas responsabilidades. Hemos entrado en un tiempo histórico en el que todos estos asuntos se han vuelto especialmente controvertidos. Una canción de Leonard Cohen añoraba los tiempos en los que no había espacio sino izquierda y derecha, lo que yo interpreto como la añoranza de categorías políticas más rotundas que nos permitieran saber sin margen de error qué pensar y cómo actuar. Y este tipo de orientaciones son más útiles cuando son binarias, cuando establecen una contraposición nítida que permite deducir que nosotros no somos ellos, que o se es soberano o no se puede nada, que quien no forma parte de las élites pertenece al pueblo, que permite saber dónde hay que estar para tener razón y a qué debe uno oponerse. La política ha entrado desde hace algún tiempo en una zona de señalización insuficiente como cuando un conductor se adentra en una ruta desconocida, en transformación o en lugares no transitados antes por nadie. A partir de ese momento las señales binarias confunden más de lo que orientan, donde antes había una evidencia ahora tenemos una paradoja, aumentan las zonas sin cartografiar, proliferan las cosas que no son lo que parecen, todo se llena de efectos secundarios y lo más razonable contraría nuestras primeras intenciones. ¿Es inevitable perderse en estos nuevos espacios? No, pero debe uno aprender a juzgar las cosas sin categorizar rotundamente y abandonar ciertas comodidades que nos impiden entender las novedades de la historia.

14
Nosotros y ellos

En una película de Pedro Almodóvar, una mujer que acaba de ser abandonada por su novio marroquí asegura con rotundidad tener un problema «con el mundo árabe», así en general. Tengo la impresión de que bastantes análisis en torno al terrorismo yihadista recurren a este tipo de generalizaciones y hablan, sin más matices, de «terror islamista frente a civilización occidental», como si *nosotros* fuéramos una categoría compacta y *ellos* estuvieran representados por los terroristas. No quiero decir con esto que no haya una distinción radical entre los terroristas y nosotros, sino que tal vez estemos cometiendo el error de entendernos de una manera demasiado enfática, por un lado, y, por otro, dando a entender que con el terrorismo se expresa una comunidad entera (lo que para sí quisieran, sin duda, los terroristas).

Empecemos por nosotros mismos. Cuando hay un atentado, tras el éxtasis de las convocatorias de condena y la fuerza unificadora del horror frente a la barbarie, podemos hacernos algunas preguntas que no son políticamente correctas en medio de la indignación. Pongamos el ejemplo de Francia, tras los atentados que han sufrido estos últimos años. El *rassemblement* que tanto adoran los franceses ocultaba por unos instantes que ni eran todos los que estaban ni estaban todos los que eran. Ausencias y presencias fracturaban notablemente el deseo totalizador de la convocatoria. De entrada, habría que mencionar la ausencia de los líderes del Frente Nacional (sin entrar a valorar aquí si su ausencia se debía más a un veto o a una autoexclusión). Y tampoco puede uno dejar de constatar que algunos mandatarios representaban a países donde no se respetan en absoluto la libertad de expresión y otros derechos con los que la mayoría de los manifestantes se identificaban. Unos eran Charlie y otros no tanto... En cuanto se disuelve la manifestación comienzan a hacerse evidentes mayores diferencias entre nosotros cuando se trata de hacer diagnósticos o mejorar nuestra seguridad.

Por otro lado, si analizamos el tipo de discursos que se van elaborando, cualquiera puede constatar que gana terreno un cierto reproche interno que pone en cuestión la consistencia de ese *nosotros*. Se extienden los lamentos hacia un multiculturalismo o relativismo cultural que habría fragilizado la conciencia de un nosotros occidental y generado una falta de confianza e incluso un cierto desprecio hacia nosotros mismos (Jean-Pierre Le Goff). Algunos animan a perder el complejo de hablar abiertamente de islamismo y musulmanes, frente al discurso políticamente correcto que insiste en evitar la «amalgama». En ciertos periódicos conservadores de Francia ya empieza a ridiculizarse la jerga y la labor de los trabajadores sociales, cuestionando la eficacia de su intervención en los suburbios. A este paso, toda la culpa será de la Alianza de Civilizaciones, descalificada como buenismo relativista.

Sigamos por *ellos*. Aquí los lugares comunes tienen diferentes versiones. Hay quien considera a los musulmanes inasimilables para la convivencia democrática e incluso inevitablemente violentos. Los discursos más moderados insisten en que, siendo esto cierto en principio, hay excepciones. Aunque sea de manera poco consciente, algunos hablan de ellos como si los jóvenes violentos fueran los portavoces de la frustración de todos los musulmanes, de los que se da a entender que constituyen una comunidad compacta en la que todos comparten intereses y objetivos.

Ahora bien, si se examinan las cosas más de cerca, ni hay una comunidad musulmana de este tipo ni mucho menos se deja representar por unos jóvenes radicalizados, que más bien constituyen una ruptura con el islam de sus padres y con la cultura de las sociedades musulmanas. De hecho, solían ser sus progenitores quienes avisaban a la policía de que se habían ido a Siria a combatir. Los yihadistas inventan un islam que oponen a Occidente, vienen de la periferia del mundo musulmán (Europa principalmente), se mueven dentro de una cultura occidental de la comunicación y de la puesta en escena de la violencia, y no están insertos en las comunidades religiosas locales, sino que alimentan su radicalización en las redes sociales globales. El hecho de que entre los más radicales haya una alta proporción de conversos (un 22% de los que se enrolan en el combate del Estado Islámico, según la policía francesa) pone de manifiesto que se trata más bien de una franja marginal de la juventud y no del corazón de la población musulmana.

Pese a los discursos catastrofistas, los musulmanes franceses están más integrados de lo que parece, como ha advertido Olivier Roy. Algo querrá decir el hecho de que haya musulmanes entre las víctimas. Hay más musulmanes en el ejército y la policía de Francia que en Al Qaeda. A pesar de Michel Houellebecq y su fantasiosa novela sobre una Francia islamizada, los musulmanes no comparten ninguna aspiración política en bloque, no son un *lobby*, y están presentes en todos los partidos del espectro político francés. Suele ser el Estado el que se dirige a ellos como una comunidad, mientras que la realidad es que han experimentado el típico proceso de individualización, tan propio del esquema republicano.

¿Quiénes son entonces estos jóvenes terroristas? La mayor parte de ellos tienen un pasado delincuente y han encontrado en la religión un relato apropiado para dar un sentido a su malestar, a su falta de oportunidades y a su exclusión social. El joven yihadista recrea una identidad a partir de una versión mítica de las sociedades musulmanas, cuya lengua muchas veces no habla, ni comparte sus usos y costumbres.

Sería un fracaso de nuestra forma de vida que creyéramos más a lo que dicen de sí mismos que a lo que son. Y habrían conseguido plenamente su objetivo si lograran que nos concibiéramos a nosotros mismos como ellos se piensan: como una comunidad cerrada donde cada uno se ajusta perfectamente al estereotipo previsto. Ello implicaría que el islam no tiene nada que ver con nosotros. Las victorias o derrotas se resuelven previamente en los modos de pensar.

15

El terrorismo y la guerra

El primer desafío que el terrorismo nos plantea tiene que ver con cómo hemos de pensarlo. Este tipo de conflictos ya no son lo que entendieron los grandes filósofos de la modernidad, el Derecho internacional o la política clásica con el concepto de guerra. Cuando se podía distinguir entre amigos y enemigos el mundo estaba al menos en orden. Había incluso no combatientes, convenciones y un cierto Derecho. Quien lea a Hegel, por ejemplo, puede encontrar unas páginas tan memorables como actualmente extrañas acerca de la guerra humanizada. El terrorismo yihadista, en cambio, escapa de cualquier regulación jurídica, sabotea todas las distinciones y convierte la enemistad en algo absoluto. El terrorismo deconstruye no sólo la distinción entre civil y militar, sino también la distinción entre victoria y derrota, e incluso entre vencedor y perdedor. El terrorismo que desconoce los límites ha difuminado también unas distinciones que eran características de nuestra cultura: entre la barbarie más allá de unas fronteras y la civilización en su interior, entre soldados y no combatientes, entre soldados y policías, por una parte, y criminales por otra. Ya no existen aquellos límites y fronteras tras los cuales uno podía estar seguro de encontrar un enemigo y más acá de los cuales sólo había amigos. Y la distinción cuya pérdida nos produce más perplejidad es la que diferenciaba la paz y la guerra, a la que sigue ahora una situación general de amenaza indiferenciada. La teoría política concebía tres situaciones posibles: paz, guerra y posguerra. Pues bien, es como si la amenaza del terrorismo hubiera eliminado la posibilidad de las dos primeras y ahora viviéramos todos en una situación de posguerra.

El 11 de septiembre de 2001 comenzó una nueva era del terrorismo, que también exige ser pensado y combatido de otra manera. De ahí que la primera discusión fuera acerca de si nos encontrábamos ante una guerra o un acto de terrorismo. Los simulacros de guerra tradicional (Afganistán, Irak) se llevaron a cabo sin querer reconocer que el enemigo se sitúa en un frente interior y contra el que hay que luchar de otra manera. Al hacer una guerra convencional, George W. Bush y sus aliados se comportaron como alguien que se va por las ramas cuando le hacen una pregunta. Todas las pretensiones de identificar «estados terroristas» no hacen más que tratar inútilmente de reconducir a categorías conocidas un fenómeno que requiere otra explicación. Los célebres «estados canalla» son, a lo sumo, puntos de apoyo del terrorismo, pero el terrorismo sobrepasa los territorios y las fronteras. La guerra difusa ha disuelto completamente el principio de frontalidad; ya no se localiza en un espacio y un tiempo concretos, sino que puede tener lugar en cualquier sitio y en cualquier momento. En todo caso, la confrontación ya no es territorial. Ya no estamos en aquel mundo más simple, en el que el enemigo tenía un rostro y un mensaje, con el que era posible negociar, al que se le podía enviar una declaración formal de guerra y que podía perderla.

El futuro inmediato no va a permitir que nos consolemos con los esquemas tradicionales que ayudaban a combatir la confusión. Asistiremos a unos conflictos sin uniformes, con explosiones dispersas, métodos de destrucción siniestros, sin signos en los mapas como los señalizados por los frentes, con estrategias diseñadas más para producir miedo que bajas. La violencia difusa es expresión de este desajuste, como si estuviéramos en el punto de fricción entre dos grandes placas de la historia. Mientras tanto, queda todo un trabajo por hacer que exige menos emoción y más inteligencia, hace falta configurar un nuevo escenario multilateral, construir la seguridad sin límites territoriales o hacer frente a problemas y conflictos que no pueden ser considerados como ajenos en un mundo en el que ya no hay asuntos exteriores sino sólo política interior.

16

Nuestra responsabilidad y la suya

A estas alturas, ignoro cuál va a ser el desarrollo de los acontecimientos que contemplamos, cómo acabarán los principales conflictos del mundo, en qué resultará la crisis económica, pero algo está claro: la culpa será de los otros. Pase lo que pase, volveremos a repetir algo similar a lo que afirmaba aquel personaje del *Torquato Tasso* de Goethe a quien le debemos una formulación que probablemente sea el paradigma de todas las disculpas: «De lo que uno es / son los otros quienes tienen la culpa». Esta convicción no explica nada pero alivia mucho; sirve para confirmar a los nuestros frente a los otros, esquematiza las tensiones entre lo global y lo local, opone cómodamente los estados a los mercados, divide el mundo en héroes y villanos, proporciona un código elemental para las relaciones entre la izquierda y la derecha. Como se puede comprobar, se trata de operaciones que reconfortan mucho y ofrecen una simplificación muy aliviadora cuando el mundo se nos ha vuelto difícilmente comprensible a causa de su creciente complejidad.

En el caso de la crisis europea, unos dirán que la culpa es de la hegemonía alemana y de la dureza de los acreedores. No les faltará razón, aunque si magnifican esas culpas corren el riesgo de olvidar la irresponsabilidad encadenada de los diversos gobiernos griegos que falsificaron sus cuentas públicas (con ayuda, por cierto, de algunos que ahora forman parte del bando de los acreedores), incumplieron muchos de sus compromisos y omitieron las reformas de un Estado que incluso antes de la crisis era económicamente insostenible.

Otros achacarán la crisis a la tópica irresponsabilidad de los países del Sur, como si desconocieran los desastrosos resultados de los anteriores planes de rescate así como los beneficios económicos que para los países del Norte de Europa ha generado la moneda única. Además, carece de toda lógica que si un Estado miembro tiene que ser asistido porque ha sido asaltado por las especulaciones de los mercados en virtud de una constelación de la que no es el único responsable, ese rescate deba ser compensado con unas drásticas reformas estructurales únicamente en ese Estado miembro. Hay muchas cosas que deben ser reformadas en los países del Sur de Europa, por supuesto, pero también en un diseño incorrecto del euro y su defectuosa gobernanza.

Estamos ante el típico caso de responsabilidad recursiva, en el que todos los reproches tienen algo de razón, pero ninguno de ellos tiene toda la razón. Lo malo es que entre tanta acusación cruzada unos y otros encuentren muchas disculpas para dejar de interrogarse acerca de su propia ineptitud, los riesgos que generan con sus decisiones o su responsabilidad hacia lo común. A medida que crece la imputación hacia otros disminuye la reflexión sobre uno mismo; cuando todo el campo lo ocupan las explicaciones que culpabilizan a otros no queda espacio para la interrogación acerca de las responsabilidades propias.

No saldremos de estos atascos mientras no consigamos insertar reflexivamente nuestras decisiones en el conjunto en el que se adoptan y sobre el que influyen, a veces catastróficamente. Gobernar es precisamente facilitar que cada uno de los actores que interviene en un proceso descubra las posibilidades desastrosas que podrían ocurrir si sólo persiguiera su propio interés e invitarle a que se proteja frente a ellas con algún tipo de autolimitación. En el fondo, se trata de que todos caigan en la cuenta de que a lo que más han de temer es a ellos mismos, a su comportamiento irreflexivo: que una sociedad no está amenazada tanto por las armas nucleares en poder del enemigo como por sus propias centrales nucleares; por las armas biológicas del enemigo como por ciertos experimentos de su sistema científico; por la invasión de soldados extranjeros como por la propia criminalidad organizada y la demanda de los propios drogadictos; por el hambre y la muerte provocados por la guerra como por la invalidez y la muerte causadas por sus accidentes de tráfico. Que lo que más impide que las sociedades plurales decidan libremente su destino no es tanto un impedimento exterior –o no sólo eso–como la propia falta de acuerdo en su seno.

Como advertía Ulrich Beck, las sociedades contemporáneas no pueden atribuir todo aquello que les amenaza a causas externas; ellas mismas producen lo que no desean. La pregunta por la propia responsabilidad suele omitirse cuando uno se encuentra en medio de sistemas cuya complicación consiste en que no hay relaciones causa-efecto claras e indiscutibles, ni decisiones sin efectos secundarios o laterales. Tenemos que abandonar esa cómoda inocencia de concebir la responsabilidad como algo que es siempre de los otros. Esa inversión reflexiva de la mirada hacia las propias condiciones se parece mucho a la maduración personal que consiste en sustituir la inculpación hacia fuera por la reflexión hacia dentro. Del mismo modo que el niño aprende a no interpretar sus conflictos como una conspiración de todo el mundo contra él, las democracias complejas deben ser capaces de descubrir de qué modo producen ellas mismas sus propias catástrofes.

17

¿Qué hacemos con las naciones?

Si uno hace una descripción de cualquier problema y lo que resulta de entrada es un campo binario, polarizado y sin lugar para posiciones matizadas o intermedias, puede tener la seguridad de que el diagnóstico no está bien hecho. Si además sucede que en esa descripción, pretendidamente objetiva, unos tienen toda la razón y otros están en el rincón de los locos o los estúpidos, entonces es uno mismo quien tiene que hacérselo mirar. Ser académico nos lleva a que estemos más interesados en la verdad que en tener razón; uno prefiere ajustarse a las cosas que exigirles que confirmen nuestros prejuicios. Esto no impide tener posición propia y defenderla por principio; lo malo es quedarse con ella al principio y al final, habiéndose privado de esa experiencia, incómoda y fascinante a la vez, de tener que matizar, corregir e incluso abandonar su posición inicial.

Los conflictos se vuelven irresolubles cuando caen en manos de quienes los definen de manera tosca y simplificada; desde el momento en que los problemas políticos se reducen a cuestiones de legalidad u orden público, cuando aparece una idea de legalidad que invita a los jueces a hacerse cargo del asunto, en cuanto se enfrenta un «nosotros» contra un «ellos» de los que se ha eliminado cualquier atisbo de pluralidad y todos los matices de la pertenencia... a partir de entonces todo está perdido hasta que no recuperemos una descripción del problema que lo acepte en toda su problematicidad. Cuando nos resistimos a reconocer la complejidad del asunto que tenemos entre manos o la sociedad que hemos de gestionar siempre me acuerdo de la anécdota inglesa en la que alguien preguntaba acerca de cómo ir a Biddicombe y el interrogado contestaba: «Yo que usted no saldría desde aquí».

Será por mi profesión de filósofo, que me inclina a complicar las cosas, pero siempre he sospechado de quien plantea los problemas y, sobre todo, las soluciones con excesiva simplicidad, porque suele terminar suponiendo mala fe en quienes, aun así, todavía no lo ven claro. No tengo la solución al problema territorial del Estado español y sería una arrogancia pretender que uno dispone de la verdadera descripción de lo que está pasando. Pero me atrevo a criticar que las descripciones dominantes son de una simpleza tal que no deberíamos sorprendernos de que todo se atasque después. Los términos del problema son, o no, el comienzo de la solución. Lo que de un tiempo a esta parte más me ha llamado la atención de unos y de otros es precisamente la inocencia con la que apelan a valores como «democracia», «estabilidad» o «legalidad», sorprendidos de que no todo el mundo se ponga inmediatamente de rodillas ante la evidencia y en disposición de cumplir las órdenes que emanen de tan incuestionable principio.

Reconozcámoslo como inevitable punto de partida: lo de las naciones es un verdadero dilema y no tiene solución lógica, sino pragmática, es decir, una síntesis pactada para favorecer la convivencia, porque la alternativa es la imposición de unos sobre otros, el conflicto abierto en sus diversas formas.

El nudo gordiano consiste en que no hay nación sin dar por supuesto algo que en principio no se somete a discusión, como marco de referencia o sujeto de la soberanía. El pueblo no puede decidir hasta que alguien no determina quién es el pueblo. De hecho, cualquier sistema democrático es incapaz de resolver democráticamente la cuestión acerca de quién decide qué y remite siempre a un marco previo de soberanía. Como decía el politólogo Robert Dahl, «los criterios del proceso democrático presuponen que el sujeto es el correcto». Cuando el sujeto se pone en entredicho en aquellos casos en que hay un persistente cuestionamiento de la soberanía porque unos entienden que su titular somos todos y otros que son una parte a la que consideran todos, ¿cómo resolvemos este dilema? No hay otra solución que pensar el *demos* como una realidad reflexiva, discutible, revisable y abierta. Por eso debe haber procedimientos para renovar o modificar el pacto que constituye nuestra convivencia política. Nuestro atasco procede de que estamos considerando las identidades políticas como datos irrefutables y no todos los ven así; muchos españoles no consideran legítimo que los catalanes decidan sin tener en cuenta su opinión y muchos catalanes están en desacuerdo con el hecho de que su futuro se decida dando por sentado que son una parte de los españoles, algo que les impediría, de hecho, la mera posibilidad de salirse de un sistema de decisión en el que siempre serían una minoría.

Después de darle muchas vueltas al asunto, he llegado a la conclusión de que este dilema no tiene una solución lógica ni legal, que es imponer un marco de legitimidad como si se tratara de una evidencia incuestionable: que estas decisiones las deben adoptar todos los españoles o sólo los catalanes; ambas propuestas son cuestionables y dan por sentado el marco desde el que ya queda predeterminada una única solución.

Cuando las cosas están así, si descontamos la imposición de unos sobre otros como verdadera solución, la única salida democrática es el pacto. Pero si aceptamos esta posibilidad nos salimos del esquema que ha sido dominante durante los últimos años y que aspiraba a la victoria de unos sobre otros. Al insistir en el acuerdo frente a la victoria modificamos radicalmente el campo de batalla. Porque entonces el eje de la confrontación ya no es el de unos nacionalistas contra otros, sino el de quienes quieren soluciones pactadas frente a quienes prefieren la imposición. Cambiemos la orientación y modificaremos los términos del problema: ahora se trataría de elegir no entre una nación u otra, sino entre el encuentro y la confrontación, que de ambas cosas hay partidarios en uno y otro bando.

Miremos las cosas desde esa perspectiva y no veremos a la gente polarizada en torno a sus identificaciones, sino preocupada por cómo hacer posible la convivencia entre quienes tampoco quieren renunciar a las diferencias que les constituyen. Quien gobierna con esa visión de la realidad social lo que se encuentra no son bloques homogéneos, sino hombres y mujeres con identificaciones tan idiosincráticas que no se dejan reducir a categorías simplificadoras. Nunca el matiz fue tan liberador, nunca lo habíamos echado tanto de menos; si hubiera un bando de los matices (de los partidarios de tomar en consideración las razones de aquéllos que están más alejados de nuestras posiciones, compuesto por quienes no se sienten arrebatados en momentos de exaltación colectiva, donde están los que se estremecen al ver que la discrepancia se desprecia como traición) tendríamos mayoría absoluta.

Cuando escribo esto desconozco el curso que los acontecimientos van a tomar a corto plazo en Cataluña, pero estoy seguro de que, pase lo que pase, el problema de fondo va a seguir ahí, esperando a que alguien lo aborde con toda su complejidad. Las naciones son una realidad persistente, todas, en mayor o menor medida. Tan absurdo es el empeño en ignorarlas, como jugarse la convivencia a una exigua mayoría o con la simple imposición. Cuando en un mismo espacio conviven sentimientos de identificación nacional diferentes el problema que tenemos no es el de quién se alzará finalmente con la mayoría, sino cómo garantizar la convivencia, para lo cual el criterio mayoritario es de escasa utilidad. Y estas cosas no se consiguen más que de manera pactada, por muy improbable que nos parezca el acuerdo en estos momentos.

Por su propia naturaleza, las naciones no son innegociables; lo que puede convertirlas en algo intratable son determinadas maneras de sentirlas y defenderlas. Porque el hecho de que se trate de algo con un fuerte contenido emocional no impide que le demos un tratamiento razonable. Soy partidario de que en la futura solución haya un cauce para una eventual secesión, pero creo que, dada la persistente configuración de las identificaciones nacionales en Cataluña en lo que es muy parecido a un empate, sería preferible pactar algo que pueda concitar una mayor adhesión. En este momento suelen hacer su aparición quienes declaran que esto no es posible, aunque tampoco ofrecen algo que goce de mayores condiciones de posibilidad. Son quienes prefieren la victoria e incluso la derrota, siempre mejores que un acuerdo que, por definición, no deja plenamente satisfecho a nadie.

No es verdad que sea imposible el diálogo, el pacto y la negociación en torno a nuestras identidades y sentidos de pertenencia. No me refiero al ser, sino al estar, al acuerdo en torno a cómo distribuir el poder, qué fórmula de convivencia es la más apropiada, qué niveles competenciales sirven mejor a los intereses públicos, cómo dar cauce a la voluntad mayoritaria sin dañar los derechos de quienes son minoría... Eso de que «la soberanía nacional no se discute» es un error en torno al que están sospechosamente de acuerdo los más radicales de todas las naciones.

¿Quién ha dicho que las soberanías no pueden compartirse? Las soberanías exclusivas son más bien la excepción que la regla en el mundo actual, donde cada vez hay más ciudadanías múltiples por diversos motivos. La historia reciente y, de manera muy especial, nuestro entorno europeo son un desmentido de las soberanías indivisibles. Alguien podría objetar que unos tienen el 155, el Tribunal Constitucional y el artículo 2 de la Constitución, mientras que otros no. Y es cierto. Ahora bien, disponer de esos instrumentos de soberanía estatal permite ganar ciertas batallas, pero también tiene sus límites. El verdadero titular de la soberanía es la gente y la legalidad sin legitimidad tiene siempre un escaso recorrido. Nada puede hacerse contra la sociedad y ése es precisamente el problema: la persistencia de una identidad plural (en España y en Cataluña), de manera que ninguna imposición es capaz de lograr una convivencia normalizada.

Va a ser necesario ejercitarse después de tanto tiempo de discordia y quisiera plantear algunos ejercicios de reciprocidad que nos pueden disponer para el encuentro. La reciprocidad elemental se formula en aquel principio de no querer para otro lo que no quieras para ti. Se trata de un principio que puede traducirse políticamente de diversas maneras. Por ejemplo, una versión que plantea el asunto desde la óptica de las minorías: yo no soportaría vivir en un Estado que impone por las mismas razones por las que me pondría de parte de aquéllos a los que se les impone una nación. Podemos enfocarlo desde el punto de vista del pluralismo, que se ha convertido en un valor arrojadizo que sirve para impugnar lo que proponen los demás mientras uno se despreocupa de aplicárselo a sí mismo. Podríamos formular este ejercicio de pluralismo recíproco de la siguiente manera: tenemos legitimidad para exigir hacia fuera el respeto de la pluralidad cuando y en la misma medida en que la respetamos internamente. O desde la óptica del reconocimiento: una nación está en su derecho de exigir al Estado del que forma parte el mismo reconocimiento que el que ha recabado en su propia nación, ni más ni menos. Hay aquí todo un terreno que valdría la pena explorar y permitiría reformular obligaciones y derechos de una manera constructiva, como las autolimitaciones mutuas, del estilo de entender que el derecho a decidir viene acompañado del deber de pactar o el binomio no imponer/no impedir por el que un Estado se compromete a posibilitar todo aquello que haya sido previamente pactado y una nación no reivindica hacia fuera nada más que lo que ha conseguido en su seno.

Josep Colomer planteaba hacer un referéndum en Cataluña que preguntara si se quería formar parte de un Estado español que reconociera el derecho de autodeterminación de los catalanes, un referéndum que ganarían unos y otros. Como se trata de un ejercicio de imaginación politológica, yo también tengo mi propio experimento mental. Propondría hacer un referéndum en toda España preguntando por el derecho de autodeterminación de los catalanes. Una pregunta de este tipo da una parte de razón a todos: se acepta que sobre Cataluña puedan decidir todos los españoles, pero se rompe el dogma de que la soberanía española sea incuestionable. Aquí también ganarían todos. Evidentemente, son propuestas que no tienen el menor recorrido, pero que permiten poner de manifiesto que estamos frente a una cuestión que va a exigir soluciones tan imaginativas como dolorosas para todos, en las que no ganará propiamente nadie... salvo que queramos volver al punto de partida.

¿Y si la mejor solución no fuera votar, elegir, sino no tener que hacerlo?

Siempre he pensado que conviene pactar cuando se trata de las condiciones que afectan a cuestiones básicas de nuestra convivencia política –en las que confiarlo todo a la ley de la mayoría equivale a una forma de imposición– y cuando los números de quienes defienden una y otra posición no son ni abrumadores ni despreciables. En esos casos, contentarse con una victoria cuando podríamos tener un pacto demuestra muy poca ambición política. En este punto me parece muy fecundo el principio republicano de que la democracia, más que un procedimiento para que decida la mayoría, es un sistema político para impedir que en algunos asuntos centrales decida sólo la mayoría, lo que implicaría la dominación de unos sobre otros.

¿Cómo se podría hacer esto? La clave la dio, en negativo y tal vez involuntariamente, un diputado de la Candidatura de Unidad Popular (CUP) en aquellos momentos en los que parecía asomarse un leve acuerdo en torno a una convocatoria electoral. Decía: han secuestrado en los despachos la voluntad claramente expresada en la calle. De eso se trata, precisamente, de que los representantes políticos, sin la permanente exposición pública, hagan el trabajo de negociar para dar forma política a una voluntad borrosamente expresada en la calle. La función de los políticos sería leer correctamente esa voluntad y traducirla en un acuerdo que pueda ser lo más ampliamente apoyado por la ciudadanía. Hasta qué punto es democrático ese acuerdo es algo que no depende del autoconvencimiento con el que se exhiben reivindicaciones, sino de la cantidad de voluntades que haya sido capaz de integrar. La formulación en positivo la hacía José Andrés Torres Mora cuando defendía que, después de haber hecho todo lo demás, lo razonable, a la hora de construir el marco de convivencia en una sociedad plural, no es acordar una votación, sino votar un acuerdo.

18

La casta y la gente

En tiempos de incertidumbre establecer alguna distinción nítida ofrece más ventajas psicológicas que políticas. Reconforta saberse en el lado bueno de la historia y, sobre todo, tener alguien sobre el que desplegar toda la ira (aunque la designación del destinatario no sea del todo acertada y nosotros mismos tengamos algunos reproches que hacernos). Esta función de antagonismo consolador la ejercen contraposiciones del estilo de la casta y la gente, el sistema y el pueblo, la trama y los inocentes, el *establishment* y la periferia, perdedores y ganadores de la crisis, aparatos y bases. Cada una de ellas aporta un matiz a la descripción del combate, todas tienen sus buenas razones, pero también un elemento de debilidad y paradoja, e incluso pueden representar algún peligro para esa democracia en la que dicen querer profundizar.

Para apaciguar ese temor hay quien ha recurrido a introducir otra contraposición entre buenos y malos populismos (lo cual plantea la paradoja de que ya no estaríamos frente a una distinción tan rotunda, sino ante un curioso *ménage à trois* que debería obligarnos a disquisiciones más sutiles que, por supuesto, una campaña electoral apenas permite). Además de los malos *per se,* habría populismos buenos. No han faltado analistas o miembros de la nueva izquierda populista que han reintroducido de este modo la categoría supuestamente periclitada de derecha e izquierda. ¿En qué quedamos? ¿Se había superado la distinción entre izquierda y derecha o la mantenemos a nuestra disposición para usarla cuando nos convenga, como hacían otros con el «uso alternativo del Derecho»?

En ciertos países, como Portugal, España o Italia, habría un populismo democratizador y progresista, mientras que en otros, como Francia, Alemania o Países Bajos, el populismo se ha traducido en un movimiento reaccionario. Si alguien recuerda las coincidencias entre unos y otros provocaría que los aludidos sacaran a pasear todas sus buenas intenciones, pero el problema persiste una vez terminada la jauría digital. Pensemos en el caso de las últimas elecciones presidenciales francesas. No sólo se trataba de que entre los votantes de cada candidato quienes más tenían a Marine Le Pen como su segunda mejor opción eran aquéllos que presuntamente menos se le parecían, los de Jean-Luc Mélenchon; tampoco me refiero a las evidentes coincidencias programáticas (salida de la Unión Europea, posicionamiento geoestratégico, políticas sociales, soberanía nacional), sino a las similitudes de lógica política: ambos comparten una descripción antagonista del espacio político; para ambos está muy claro quién es el pueblo y quién no lo es. Y esto a mí me preocuparía incluso aunque estuviera inequívocamente del lado de los buenos.

Chantal Mouffe vino en apoyo de Jean-Luc Mélenchon durante la campaña electoral al introducir esa distinción entre el populismo de radicalización democrática y el populismo autoritario en un artículo en *Le Monde*. He tenido la posibilidad de discutir con Mouffe esta distinción en diversas ocasiones porque me parece que no es sensible a su potencial antipluralista, como han señalado, entre otros, Pierre Rosanvallon en su magnífico libro *Le peuple introuvable,* Gérard Grunberg o, más extensamente, Bernard Manin en sus estudios sobre la democracia representativa. Esta estrategia es un instrumento potencial de exclusión. Quienes la utilizan están continuamente tentados de confundir al adversario político con un enemigo del pueblo. Quien dispone del arma privilegiada que identifica con precisión lo «popular» administra al mismo tiempo la legitimidad. En la medida en que declara como adversarios del pueblo a quienes no comparten una determinada posición política es muy fácil que acabe pensando que los discrepantes no pertenecen a la comunidad política.

En cambio, el pluralismo (que podríamos adjetivar como liberal, republicano o socialdemócrata) insiste en mantener la distinción categórica entre el desacuerdo político y la no pertenencia a la comunidad. Es un principio democrático fundamental que quien discrepa sigue formando parte de los nuestros y tiene los mismos derechos a hacer oír su voz que si formara parte de la mayoría. Hay momentos de decisión en los que se reconfiguran minorías y mayorías, mandatos que no proceden del pueblo soberano, sino del modesto recuento de votos que determina quién manda y quién debe obedecer por un tiempo, no quién forma parte o no del pueblo. Lo importante es entender que esta minoría es excluida de las funciones de gobierno, pero no de la pertenencia a la colectividad, al pueblo. Esa posición (haber perdido, pero no abandonar la comunidad) se traduce en la posibilidad siempre abierta de, bajo determinadas condiciones, revisar e incluso revocar las decisiones adoptadas, lo que viene acompañado por el derecho de la minoría a luchar por dejar de serlo en algún momento y convertirse en mayoría. Para que eso sea una posibilidad real, las minorías actuales deben disponer de los medios de supervisión, control y crítica pero, sobre todo, del derecho de no ser consideradas como enemigos exteriores o adversarios del pueblo.

Éste es el núcleo del debate que me interesa, de lo que resulta verdaderamente preocupante, más allá de las escaramuzas electorales del momento. Los populistas de izquierdas reiteran sus convicciones pluralistas y debemos aceptar la sinceridad de sus convicciones, lo cual es perfectamente compatible con que, de hecho, manejen unos conceptos y unas prácticas que las contradicen. El pluralismo es muy exigente y a ninguna mayoría triunfante le gusta que le pongan dificultades. Conocedores de esa tendencia, deberíamos abstenernos de aquellos modos de argumentar y movilizar que pueden afectar a los derechos de quienes no piensan como nosotros.

Del mismo modo que ciertos elitismos expulsan sistemáticamente del *nosotros* que manda a los que consideran ignorantes o que el populismo de derechas tiene un concepto del nosotros nacional que excluye a casi todos los de fuera (y a buena parte de los de dentro), el populismo de izquierdas tiene a su disposición, con los términos que pone en circulación (casta, sistema, trama, élites...), poderosos instrumentos de exclusión masiva. Y no estoy hablando de intenciones, sino de conceptos.

Íntimamente unido al problema de exclusión, que lleva implícito un antagonismo así entendido, están los derivados de su simplicidad: su tendencia a ritualizar y gesticular la oposición; su preferencia por los temas de agenda política en los que las diferencias son más llamativas frente a otros con menores desacuerdos; su propensión a quedar embelesados por una cierta magia de las palabras que suele ir unida a una excesiva confianza en el poder de la escenificación; su predilección por la rotundidad frente a los matices.

Teniendo en cuenta esta simplicidad conceptual y, sobre todo, la desconfianza que producen hacia dentro y hacia fuera, no es extraño que tengan también enormes dificultades para ponerse a pactar con otros. ¿Cómo explicas a los tuyos que has acordado algo con quienes no pertenecen al pueblo y que, sin embargo, necesitas para cambiar las cosas, aunque no en la medida en que lo desearías? Por eso era lógico que Mélenchon no pidiera el voto para Emmanuel Macron; la operación de representar al pueblo verdadero se echaría a perder con argumentos de utilidad o mal menor. Por eso, es mejor escenificar una moción de censura que pactarla. Es la paradoja de quienes desean hacerse cargo de la totalidad: que o la consiguen por procedimientos violentos (lo que no parece ser el caso) o se retiran al rincón de la minoría escogida pero improductiva, que mantiene íntegras las esencias pero no ha cambiado nada de esa realidad que tanto les indignaba.

19

Contra el antipopulismo

Los conservadores ignoran con demasiada facilidad las asimetrías del poder constituido y tienen demasiado miedo a las posibilidades que abre todo proceso constituyente, cualquier intervención abierta del pueblo; de ahí su escaso entusiasmo ante las reformas constitucionales, los movimientos sociales, los plebiscitos o la participación en general. La izquierda populista, por el contrario, acostumbra a sobrevalorar esas posibilidades y a desentenderse de sus límites y riesgos. Unos dan las alternativas por imposibles y otros por evidentes. Para los primeros, cualquier cosa que se mueva es un desbordamiento; para los segundos, la espontaneidad popular es necesariamente buena.

Éste es el marco de discusión en el que se plantea la crítica de Íñigo Errejón al reciente libro de José María Lassalle contra el populismo (Babelia, 9 de septiembre, réplica el 15 de septiembre de 2017), quienes representan, por cierto, las versiones más liberales y mejor razonadas de sus respectivas familias políticas. Como suele ocurrir en estos casos, tras un encarnizado debate hay más cosas en común de las que parecen, entre otras, una división del campo político muy binaria y antagonista (la estabilidad frente al desorden o los de arriba contra los de abajo), como si no hubiera otras posibilidades de plantear los términos de la discusión. Ambos adoran el antagonismo, en el que se asientan confortablemente para el combate político que más les conviene. Esto es lo que explica, por ejemplo, el curioso «afecto antagónico» que se profesan el Partido Popular y Podemos, mientras dejan fuera a todos los demás. El antipopulismo se ha convertido en el instrumento de legitimación de los conservadores del mismo modo que los populistas se entienden a sí mismos como el verdadero antídoto del elitismo conservador.

Ahora bien, si algo ha tenido de bueno el populismo ha sido cuestionar los discursos establecidos, los marcos hegemónicos que nos obligaban a encajar en categorías demasiado rígidas. Espero que se me permita cuestionar esta nueva división del territorio ideológico entre tecnócratas y populistas en los que ambos se desenvuelven con excesiva comodidad. De entrada, ¿por qué tiene que haber marcos hegemónicos? ¿Por qué esos marcos tienen que adoptar necesariamente la forma de un antagonismo y precisamente de *ese* antagonismo? ¿No es cierto que la configuración de un debate a partir de la lógica antagonista tiene una exasperante continuidad con las clásicas trincheras ideológicas que tanto nos desgarran y tan poco permiten abordar los problemas sociales que exigirían, por ejemplo, un marco de juego menos competitivo? Lo peor del debate público tal como lo padecemos es que a quien critica algo se le reagrupa inmediatamente entre los siniestros defensores de lo contrario; quien plantea objeciones al orden establecido es necesariamente un sembrador de divisiones; quien desconfía del populismo se erige en defensor de las peores élites... No es posible manifestar alguna insatisfacción en relación con cómo se plantean los términos del debate sin que eso le convierta a uno en un enemigo o, peor, en un equidistante.

Tienen razón los conservadores cuando critican a quienes parecen considerar la democracia como una sucesión de *big bangs* constituyentes, pero resulta exasperante su obsesión con la estabilidad que, por un lado, resulta muy hiriente para quienes se encuentran en situaciones de desventaja o injusticia, pero que además se ha revelado paradójicamente como la mayor fuente de inestabilidad. La sociedad democrática es un espacio abierto en el que se plantean muchos desafíos que pretenden al menos revisar si el modo en que se ha institucionalizado la política sigue teniendo sentido o ha generado algún tipo de desventaja injustificable. Los que velan celosamente por el orden establecido aprovechan este momento para argumentar que cualquier modificación debe llevarse a cabo a través de los cauces legales establecidos, pero no nos dan ninguna respuesta a la pregunta acerca de qué hacer cuando ese marco predetermina el resultado. La legalidad es un valor político cuando incluye procedimientos de reforma de resultado abierto; si no, apelar a ella es puro ventajismo.

Los populistas tienen una consideración demasiado negativa de la política institucional y una excesiva confianza en que de los momentos constituyentes no puede salir nada malo. Es cierto que sin la sacudida de agitación popular nuestras democracias se cosificarían y que las élites tienen una tentación muy poderosa de evitar que se reexaminen las reglas del juego. Pero el populismo tiene muy poca sensibilidad hacia las asimetrías que se producen en todo momento constituyente (donde participan más los más activos, los que tienen más capacidad de presionar, los más radicalizados...). Al mismo tiempo, en la producción ideológica del populismo no hay instrumentos conceptuales que permitan disipar la sospecha de que la futura mayoría triunfante va a incluir a las minorías perdedoras entre quienes forman parte del pueblo. Y no estoy hablando de intenciones, sino de conceptos y cultura política. ¿Quién nos asegura que las nuevas élites se van a comportar con una lógica menos excluyente que las anteriores, sobre todo desde el momento en el que se justifican por la épica apelación a la soberanía popular y no por la prosaica defensa del orden y la estabilidad? Mientras no se resuelva esa desconfianza el populismo seguirá siendo poco atractivo para aquellos sectores de la izquierda que tienen una sensibilidad liberal o republicana.

Al final, es la igualdad democrática lo que debería preocuparnos. La relación inestable entre poder constituido y poder constituyente, entre las razones del orden estabilizador y las del desorden creativo debe entenderse como un campo de tensión cuyo objetivo final es corregir las desigualdades manifiestas que contradicen el principio democrático de que todos tengamos igual capacidad de influir en la configuración de la voluntad política. Así entendidas las cosas, la función de las instituciones políticas es asegurar dicha igualdad, impidiendo la cosificación de las élites o corrigiendo las asimetrías injustas que suelen generarse en los momentos de espontaneidad popular. Los conservadores no pueden garantizar esa igualdad mientras no permitan procedimientos para verificarla, algunos de los cuales les parecerán «subversivos»; los populistas practican un elitismo invertido y donde los conservadores sostenían la inocencia de los expertos ellos defienden la infalibilidad del pueblo. Sólo quien haya entendido que las instituciones democráticas tienen su justificación en la igualdad y no en el mero orden o en el mero cambio será capaz de pensar la democracia fuera del marco mental que quieren imponernos.

20

La soberanía según Theresa May

En tiempos de incertidumbre es muy poderosa la tentación de regresar a terreno conocido, aunque sepamos que ya no es posible. Tras ciertos espasmos políticos no hay otra cosa que la nostalgia por recuperar lo que ya no es recuperable: soberanía reconocida, autoridades indiscutidas, territorios delimitados, homogeneidad social e incluso enemigos identificados.

El Brexit es uno de esos fenómenos en los que el miedo a lo desconocido se traduce en torpeza y pone en marcha una serie de operaciones políticas de dudosa coherencia. La idea de «recuperar el poder para los británicos» no tardará en ser decepcionada por la realidad al menos en dos aspectos que ponen de relieve su naturaleza paradójica, tanto en lo que se refiere al fin perseguido como al procedimiento: la idea de salir hacia un espacio de soberanía y hacerlo de un modo directo, plebiscitario, sin las mediaciones de la democracia representativa.

Comencemos examinando en primer lugar la pretensión de abandonar un espacio de interdependencias para recuperar la soberanía fuera de él. La primera paradoja británica es que no será posible estar completamente fuera y que la nueva situación tendrá menos ventajas de las que prometían con la salida y más inconvenientes de los que se lamentaban con la permanencia. En la era del entrelazamiento universal, de lo que llamamos interdependencia, se va constituyendo una nueva topografía política con lógicas que es necesario entender y gestionar. Nadie se queda completamente fuera o, al menos, esa separación no le devuelve la soberanía ni le proporciona una inmunidad frente a todo contagio. Fuera de la Unión Europea (UE) puede haber más soberanía, pero no se está más protegido de los múltiples condicionamientos de la globalización. Por eso cabe afirmar que es mejor estar dentro de la UE e influir que estar fuera y seguir, no obstante, bajo su influencia (Damian Chalmers). No ser miembros tiene algunas ventajas, pero también no pocos inconvenientes que se derivan del hecho de no poder intervenir en los procesos de decisión. En Europa, la mutua dependencia llega a tales niveles que algunos han podido plantearse el siguiente experimento mental. Incluso aunque un Estado se saliera de la UE (como ha sido el caso tras el Brexit) buena parte de las normativas y regulaciones europeas no dejarían de afectarle (al igual que les ocurre también a muchos otros países que han suscrito tratados comerciales y legislaciones cuyo origen es europeo) ni abandonaría la obligación de seguir colaborando con el resto de los miembros.

En la operación de abandonar el espacio de la Unión se constata ya un choque entre dos temporalidades muy diferentes: muchos de los ciudadanos que votaron por abandonar la UE quieren que esto ocurra sin retraso y no podrán entender que requiera tanto tiempo. A la par, el mundo económico presionó para retrasar el inicio de las negociaciones y que los acuerdos hicieran la transición lo más suave posible. El riesgo político que esto plantea al Gobierno de May es que, cuanto más tengan en cuenta a estos últimos para proteger los empleos y el crecimiento económico, más se preguntarán los partidarios de irse si esa decisión marca alguna diferencia fundamental. El estatus de «mediopensionista» que ya tenía Reino Unido no ayuda demasiado a este respecto. Si fueran miembros de la eurozona o hubieran firmado el Acuerdo de Schengen entonces la reintroducción de la libra o las fronteras estrictas podrían proporcionar una garantía rápida y simbólica de que habían abandonado efectivamente la Unión Europea. Cuanto más suave sea el Brexit menos percibirán los británicos la diferencia. El flujo de bienes, capitales y personas será mayor de lo que seguramente esperaban quienes votaron a favor de la salida. Por otro lado, Reino Unido no puede elegir a su antojo los términos en los que participar en el mercado único, por lo que el resultado final de las negociaciones será un compromiso, un término medio pactado, es decir, algo inevitablemente decepcionante para los soberanistas.

La otra gran paradoja tiene que ver con la relación entre las dimensiones plebiscitaria y representativa de la democracia, el verdadero fondo del debate que está en juego, aquí y en todas las democracias. La campaña por la salida se apoyó en un difuso sentimiento de que la gente ya no es soberana y contribuyó a exagerarlo. De ahí, la invocación a la democracia directa –en un país en el que la soberanía parlamentaria es algo sagrado– para remediar el modo en que la democracia representativa estaba gestionando las relaciones de Reino Unido con la UE. La convocatoria de un referéndum y su resultado son una señal de hasta qué punto se había roto la confianza en los representantes. David Cameron justificó la consulta argumentando que el consentimiento democrático de pertenecer a la Unión Europea se había debilitado, a pesar del hecho de que cada nuevo tratado que aumentaba las competencias comunitarias había sido aprobado en el Parlamento de Westminster. El recurso de Cameron a la democracia directa le sitúa al lado de políticos populistas como Nigel Farage, Geert Wilders, Marine Le Pen o Beppe Grillo, especialmente interesados en sortear la democracia representativa y apelar directamente al pueblo, supuestamente ignorado por los partidos del sistema. Como afirma Jan-Werner Müller, un referéndum ofrece a los populistas la posibilidad de que el pueblo confirme lo que ellos ya han identificado como la auténtica voluntad del pueblo.

La estrategia inicial de Theresa May consistía en prometer una ley de derogación e iniciar la retirada de la UE por prerrogativa de la Corona. Pero la Corte Suprema obligó al Gobierno a que fuera el Parlamento quien legitimara finalmente el acuerdo. De este modo, la democracia directa del Brexit ha invalidado el orden existente, pero su reconfiguración exige confiar en la democracia representativa o recurrir a un referéndum posterior (probablemente, las dos cosas).

Éste es el núcleo de la paradoja que se contiene en la tensión entre la soberanía de un instante y su concreción representativa. Los referendos tienen el efecto de que, como suele decirse, empoderan momentáneamente a las personas, pero las dejan dependientes del Gobierno, que es el que lleva a cabo el complejo trabajo de, en este caso, transformar un simple no y variadamente motivado en un nuevo tejido de relaciones con la Unión Europea. La expresión de la voluntad popular en un momento puntual no puede remplazar a la democracia representativa cuando se trata de pactar los términos de la salida y configurar una nueva relación con la UE. Los británicos votaron por la salida, pero no dieron ninguna indicación en el referéndum acerca de cómo deberían ser los términos ni de la salida ni de esa nueva relación, cuyo diseño y aprobación compete a los gobiernos y parlamentos.

El Brexit puede ser una victoria pírrica que contradiga muchos de los objetivos de la campaña por la salida. Los primeros problemas se están manifestando ya en relación con la dificultad de conseguir resultados positivos para satisfacer a los votantes que deseaban una clara ruptura con el *statu quo*. Las aspiraciones eran muy elevadas. ¿En qué puede consistir «retomar el control» o «recuperar la soberanía» bajo las nuevas circunstancias de una negociación condicionada por numerosas constricciones? ¿Cómo descifrar lo que los votantes querían decir con el *«leave»* y hacerlo valer en una compleja negociación con la UE? El referéndum es un instrumento rígido, en la medida en que presenta una opción binaria, cuando en realidad hay un amplio espectro de posibilidades de abandonar la Unión Europea y relacionarse luego con ella. Es una de las paradojas de éste y otros referendos: censuran al Gobierno por sus políticas en relación con Europa y le confían la consecución del mejor compromiso posible; suponen que puede conseguirse en unas condiciones especialmente difíciles lo que no se pudo hacer en condiciones de normalidad.

Llevar a la práctica el Brexit requiere no sólo el mandato inicial, sino también el apoyo público explícito a los términos de la separación. A esto obedeció la convocatoria de elecciones, con las que May intentó sin éxito mejorar cuantitativamente su posición, pero no modifica cualitativamente los términos del problema. El adelanto de las elecciones no impidió que se hicieran patentes todas estas contradicciones, ni que deba haber un segundo referéndum sobre el resultado de las negociaciones con la UE, lo que volverá a complicar las cosas en una época en la que las democracias se han convertido en bazares de la simplicidad.

21

¿Quién manda aquí?

Desde hace algún tiempo la pregunta más oportuna e inquietante es: ¿quién manda aquí? Esta interrogación es lógica cuando en buena medida el poder se ha desplazado de los estados nacionales a los conglomerados anónimos que tienen una localización incierta, escapan a las obligaciones de control político y no han de dar cuentas ante ningún electorado. A la vista del desorden global, cuando nos encontramos en medio de procesos ingobernables, dinámicas de las que nadie se hace cargo o la mera complejidad de los asuntos a los que nos enfrentamos, identificar a alguien como responsable, autor, competente o destinatario de nuestra protesta no es sólo un alivio psicológico sino un requisito para ejercer nuestros derechos democráticos. Una consecuencia de esta confusión general es la dificultad de atribuir con justicia los éxitos y los fracasos a un agente político concreto. Muchas de nuestras controversias giran precisamente en torno a saber si el mérito o la culpa son de este Gobierno, del Gobierno anterior, de Bruselas o de la globalización.

¿Es posible realizar esa identificación cuando todo está interrelacionado y lo único que verdaderamente reina es la confusión? La idea de un mundo interconectado, que nos ha servido como lugar común para designar la realidad de la globalización, implica, en principio, un mundo de responsabilidad limitada, cuando no difusa o abiertamente irresponsable, sobre el que no puede establecerse ningún control y del que nadie se hace cargo. La interconexión significa, por una parte, equilibrio y contención mutua, pero también alude al contagio, los efectos de cascada y la amplificación de los desastres. De ahí que no sea ninguna exageración hablar, como Anthony Giddens, de un mundo desbocado, fuera de control.

Por otro lado, en nuestras sociedades democráticas tenemos la impresión de que las personas oficialmente a cargo de las instituciones no son quienes tienen el poder real. Los estados son en buena medida impotentes y se ven condicionados por fuerzas que no están ligadas a los territorios, transnacionales, que parecen capaces de dictarles, por ejemplo, el contenido de la política económica. En cualquier caso, la diferencia entre el poder oficial y el oficioso revela que las sedes del poder explícito no tienen por qué coincidir con los lugares desde los que se ejerce el poder real. Si sólo fuera real el poder oficial, la cuestión del poder sería únicamente un asunto de las ciencias administrativas. No hace falta pertenecer a la tribu de los conspiracionistas y los paranoicos para impugnar múltiples formas de poder respecto de asuntos o desde instancias que no tienen autorización. Cuántas formas de dominación, por ejemplo, no proceden de una imposición directa, sino que se basan en la censura o manipulación y se ejercen a partir de reglas rutinarias que no tienen otra neutralidad que la apariencia.

Este carácter disperso, extraoficial, distribuido, caótico y limitado del poder tiene una dimensión positiva que ha de interpretarse como el resultado más o menos intencional de una larga marcha de la humanidad por descentralizarlo. En la democracia el poder está en todas partes y en ningún sitio, en el sentido de que no pertenece propiamente a nadie, ni siquiera a los que lo ejercen. Las democracias tienen procedimientos para que nadie ocupe ese lugar, para someterlo a la confirmación popular o revocarlo. El poder en una democracia es provisional, limitado y vigilado. En una democracia no cabe ni la perpetuación en el poder sin reelección, ni la sumisión a los expertos, ni siquiera que el pueblo se convierta en príncipe, como advertía Maquiavelo. Para que el poder sea democrático debe escaparse de todos, no puede ser monopolizado ni estabilizado para siempre, ni capturado por nadie. El poder es un lugar de tránsito e inestable, que se ejerce, pero no se detenta, y que generalmente se realiza de manera acordada, limitada y compartida.

Debemos a Claude Lefort la mejor explicación, a mi juicio, de este estado de hechos cuando definía el poder en una democracia como un lugar vacío: la democracia es la institución que corresponde a una sociedad en la que se ha experimentado «la disolución de las referencias de la certidumbre», «la indeterminación final en cuanto al fundamento del poder, de la ley y del saber». No hay saber incontestable, ni fundamentos que no puedan ser puestos en cuestión, ni orden inmodificable. Lo conocido está siempre asediado por lo desconocido y la identidad nunca se quita de encima la experiencia de la división. La democracia es un espacio de duda, de conflicto y de invención impredecible. El poder no pertenece a nadie; es un lugar vacío ocupado sólo provisionalmente.

De este modo, Lefort está poniendo al conflicto –la diversidad de opiniones, la ausencia de un saber incontestable, los poderes que se neutralizan mutuamente, la falta de una garantía absoluta...– en el centro de nuestras sociedades. Como el poder democrático no posee una garantía trascendente está continuamente constituido por el debate acerca de su legitimidad y no tiene más remedio que acoger e institucionalizar el conflicto, ya se trate de la división social, del choque entre las diversas lógicas que caracterizan a cada una de las esferas política, económica o jurídica, de la irreductible oposición entre valores. El *homo democraticus* está en un entorno de incertidumbre que, lejos de responder a una ausencia o vacío de sentido, está ligada a su pluralización: elecciones contradictorias que no se le imponen con absoluta evidencia, regímenes de vida diferentes, pertenencias múltiples, alternativas posibles, crítica y contestación.

Esto no quiere decir que no exista ninguna instancia desde la que se ejerce dominación, sino que el poder no pertenece propiamente a nadie, lo que se verifica por el hecho de que es vigilado y contestado, sometido regularmente al sufragio de los electores. Los polos de identificación que se encargan de designar «lo común» –la nación, el pueblo, el Estado, Europa, la humanidad– nunca son plenamente actualizables o definitivos y no se expresan más que a través del conflicto de sus interpretaciones. Todo poder se deriva del pueblo, ciertamente, pero eso no se hace sino de forma plural y conflictiva; su identidad no se realiza jamás del todo, sino que se reitera y se expresa a través de la división. La sociedad democrática está atravesada por diferencias de opinión, de clase y de interés que hacen dudosos todos los intentos de identificar una voluntad inequívoca del pueblo. La democracia es una forma de organización política de la sociedad en la cual el conflicto nunca se reabsorbe definitivamente en la unidad de una voluntad común.

Si esto es así, tenemos que pensar la crítica de otra manera. De entrada, ya no nos relacionaríamos con «el poder» en singular, sino con una pluralidad de poderes. Que el poder esté disperso no significa que no haya instancias desde las que se ejerza más e injustamente, que esa distribución no sea en ocasiones desproporcionada; significa que, por lo general, esos lugares no son estables, que nadie tiene todo el poder y que eso no nos impide criticarlo.

Esto no quiere decir que no haya poder, más bien al contrario: lo hay por todas partes, repartido de manera muy asimétrica, en la empresa, en la familia, en la escuela... En lugar de una identificación o de un desenmascaramiento definitivo, lo que tenemos es una «microfísica del poder» (Michel Foucault), una diseminación que es propia de las sociedades democráticas, con sus ventajas y sus inconvenientes. El poder no es algo que se pueda suprimir de una vez por todas. También los académicos, los periodistas e incluso los profesionales de la crítica tienen su micropoder y tal vez les ocurra a los intelectuales lo que Foucault advertía: que no han cortado la cabeza del «soberano» en sus teorías, obsesionados todavía por la búsqueda de *un* lugar del poder al que oponer un «*grand refus*», una revuelta definitiva, un rechazo enfático. Al hablar así de una «detentación» podemos estar volviendo a reducir el poder a una dimensión, sugiriendo que es algo de lo que alguien se puede apropiar o abolir, como pensaba Karl Marx que podía hacerse modificando la propiedad de los medios de producción o como pretenden los neoliberales cuando reivindican la sociedad civil como si fuera un espacio sin dominación. Es esta singularización del poder lo que ya no parece posible. El poder está en todas partes, también donde se le critica, y las relaciones de poder no desaparecerán de un golpe. Contra las grandes imputaciones –del poder, el rechazo, la inculpación, la hegemonía– la razón crítica consiste hoy en avanzar por la línea modesta pero efectiva de mejorar las limitaciones al poder, la resistencia y la construcción colectiva de la responsabilidad.

Del mismo modo que hay malos usos del poder, también hay malos usos de la crítica, por ejemplo, esa caricatura de pensamiento crítico que es el conspiracionismo o pensar desde el supuesto de que todo poder debe ser desenmascarado, denunciado en tanto que tal, sea cual sea su naturaleza y el modo como se ejerce. La desconfianza y la crítica erigidas en posturas de principio se han convertido en obstáculos más que en ayudas al pensamiento y a la emancipación.

Hablar del poder en singular nos permite tratar una noción que cubre un conjunto de prácticas como si se tratara de una entidad real, dotada de contornos definidos y, sobre todo, de intenciones capaces de explicar sus acciones. Pero, en realidad, el poder en una sociedad avanzada es, al mismo tiempo, de una complejidad y de una fragilidad extremas, sobre todo en razón de la multiplicidad de instancias que intervienen y de las resistencias que genera. Ésta es una de las razones por las que el deseo revolucionario está tan desconcertado: no hay cabezas que guillotinar, ni «huida a Vincennes» que impedir, ni palacio de invierno que asaltar, y aunque todo esto pudiera hacerse, la transformación de la sociedad seguiría siendo una tarea pendiente. Ya no existe un punto de Arquímedes para mover el mundo y por eso los conspiradores, los revolucionarios y los controladores son personajes de otro tiempo. Todos ellos tienen una idea muy simple de lo que es el poder; no pueden imaginarse uno que no sea una dominación absoluta.

El esquema de una oposición entre un poder absoluto y unos individuos desasistidos pertenece a una metafísica del poder que ya no es operativa. Carece de sentido ejercer la crítica social como si el poder estuviera absolutamente fuera del alcance de los dominados (lo que no puede ser del todo así en una sociedad donde hay accionistas, votantes, tuiteros y hackers, aunque la fuerza de éstos tampoco sea tan grande). Ni unos dominan tanto ni otros están tan dominados, lo que en absoluto quiere decir que no haya dominación, sino que hemos de pensarla y combatirla de otra manera.

Esto explica tantos errores de la crítica, con frecuencia dirigida a quienes no se la merecen o porque ya no tienen tanto poder como en otro tiempo o porque no lo tienen en absoluto: a la iglesia en una era secular, a los políticos cuando son los mercados quienes gobiernan o a un agente económico concreto como si los mercados pudieran dirigirse unipersonalmente. Las iglesias se entrometen en no pocas ocasiones, los políticos merecen con frecuencia nuestro reproche y los estafadores nos indignan, pero todo ello no nos permite abandonarnos a la comodidad de pensar que nuestras sociedades pueden gobernarse desde la religión, que todos los fallos de los sistemas políticos se deben a la impericia de nuestros representantes o que existen crisis económicas porque hay estafas piramidales y paraísos fiscales. Por eso, si neutralizáramos la influencia política de los líderes religiosos, si sustituyéramos a nuestros representantes y suprimiéramos el fraude fiscal habríamos hecho cosas muy buenas, pero la mayor parte de los problemas políticos estarían aún sin resolver.

Quien quiera descubrir los poderes del mundo, asignar las responsabilidades apropiadas y ejercer la crítica ha de comenzar controlando su propia teoría. La misma perplejidad de los que protestan forma parte del gran desgobierno en el que nos encontramos y nunca se han solucionado los problemas cuando no se han identificado correctamente.

22

El verdadero poder de las mujeres

La política continúa siendo una cosa de hombres, en mayor medida incluso de lo que parece y a pesar de los números tranquilizadores que recogen las estadísticas. El dato más evidente es que, de acuerdo con los estereotipos viriles de la competencia, se exija a las mujeres lo que suele darse por acreditado en los varones. Una prueba de esta dominación es que también la lucha por la paridad está llena de lugares comunes. Cuando la presencia de la mujer en la política no se justifica en términos de igualdad, sino de diferencia residenciada en el género, se consagra un rol femenino que juega unas veces a favor y otras en contra de las mujeres, pero que siempre termina perjudicándolas.

Esta ambivalencia se pudo comprobar en la campaña de Ségolène Royal, la candidata socialista a las elecciones presidenciales de Francia en 2007, que fue beneficiaria y víctima del rol tradicional asignado a las mujeres. Lo que en un principio apareció como sinónimo de renovación y espontaneidad se fue transformando, en el imaginario colectivo cuidadosamente alimentado por sus rivales, en debilidad y falta de preparación. En una sociedad en la que siguen vigentes los lugares comunes del sexismo, lo mismo que le supuso una ventaja inicial (ser una mujer) terminó por convertirse en su mayor inconveniente. El resultado final fue que sucumbió a esos clichés, a la trampa que permite a las mujeres adornar el escenario siempre y cuando renuncien a ser decisivas.

Es muy frecuente el caso de mujeres que se hacen un hueco en el espacio público gracias a que no se presentan a sí mismas como personas políticas y en esa medida hacen valer su proximidad a los ciudadanos. Es un tópico que manejan también esos empresarios, jueces o periodistas que de vez en cuando se presentan a las elecciones y exhiben como una ventaja su falta de profesionalidad política. En este caso, ser mujer equivaldría a estar cerca de la gente y, por lo tanto, alejada del microcosmos de la política. Ségolène Royal, aunque se había formado en la cantera de la que proceden buena parte de los políticos franceses (la École Nationale d'Administration) y había sido varias veces ministra, se presentó durante las primarias como menos «profesional» que Dominique Strauss-Kahn o Laurent Fabius y más próxima a los ciudadanos. No es extraño que su campaña se basara en la idea de una «democracia participativa», prolongación natural de esa sociedad civil que es el lugar reservado a las mujeres. Detrás de esto hay una manera de entender la paridad que ha pretendido promover a las mujeres definiendo la feminidad como el suplemento de la política, como su reverso. La historiadora americana Joan W. Scott mostró muy bien cómo la presencia de las mujeres no se ha promovido para corregir la representación, sino para cuestionarla: las mujeres vendrían a introducir la sociedad civil en la esfera política, que se supone artificiosa, profesionalizada y lejana.

Lo que hicieron los adversarios políticos de Royal fue simplemente transformar esa fingida falta de profesionalidad en vacío político e incompetencia. Al jactarse de que no tiene respuestas para todo, la candidata se benefició de la simpatía que despiertan los no especialistas, pero se expuso a la sospecha de que no tenía ni idea. Lo que explicaba ayer su éxito (no ser un político como los demás, no ser un hombre e incluso no ser un político) acabó siendo lo que minó su credibilidad. Terminó presa de la trampa que permite a muchas mujeres jugar el papel de «personas corrientes» para después excluirlas como inhábiles. Aquí se comprueba hasta qué punto el paisaje de los lugares comunes está lleno de estereotipos que consagran, a la postre, un ventajismo masculino. Para las mujeres políticas las condiciones que les abren las puertas del éxito pueden terminar siendo las que justifiquen su descualificación: que son, simplemente, mujeres.

Hace tiempo, Michelle Perrot resumió sus investigaciones acerca de la historia de las mujeres con una idea que considero muy cierta: la diferencia entre hombres y mujeres consiste en que sólo el hombre es un individuo, es decir, alguien cuyo género es transparente, que está emancipado de su grupo de pertenencia, que *es* según lo que hace de sí mismo. La exclusión de las mujeres se ha llevado a cabo impidiendo, literal y simbólicamente, esa individualización. Por eso, suele ocurrir que únicamente cuando aparece en el escenario una candidata se plantee la cuestión de la identidad, porque ya se sabe que los varones no tenemos género y no somos más que un individuo. El varón tiene posibilidades de realización personal no sólo a causa de su no discriminación, sino porque se da por entendido que únicamente él debe su valor a lo que hace y a la competencia que adquiere. En la tópica asignación de funciones, a la mujer se le atribuyen unas características que no le permiten distanciarse de su condición; una mujer, incluso la más exitosa, siempre será *una mujer* que ha tenido éxito y no –como en el caso del varón– *alguien* que ha tenido éxito.

La conclusión para el caso de la política podría ser la siguiente: las disposiciones para el acceso de la mujer a los instrumentos de representación política deben fundarse en un mero hecho sociológico (que ellas constituyen, aproximadamente, el 50% de la población, mientras que sistemáticamente hay un porcentaje menor de mujeres en los puestos de responsabilidad política) y no en una supuesta cualidad esencial que vendría a remediar el desaguisado provocado por los políticos. Las mujeres no están más cerca de la gente, sino, por desgracia, más alejadas de la política. Las políticas de «acción afirmativa» se justifican por la mera demografía y no por una cualidad distintiva que caracterizaría a todas las políticas, más allá de las siglas de cada una. La diferencia tiene sentido para promover el acceso, no para orientar la actividad política de las mujeres. La paridad habría cumplido su objetivo cuando la actividad política de las mujeres dejara de ser algo específico y grupal. Cuando las mujeres hacen política «de mujeres», desarrollando unos supuestos atributos de la feminidad (cercanía, humanidad, sentido común, inclinación hacia el cuidado y la protección, sensibilidad por lo particular...) que son precisamente los que las han recluido en la privacidad, contribuyen involuntariamente a que se las expulse del espacio público. En vez de «feminizar» la política, lo más ventajoso, también para las mujeres, sería que se la individualizara efectivamente, que se desmasculinizara. La renovación de la política no va a venir de que las mujeres hagan una política femenina, sino de la equidad efectiva. La paridad es necesaria para corregir una disfuncionalidad que dificulta la presencia de las mujeres en política, pero no para que las mujeres hagan, en tanto que tales, *otra* política que debería ser necesariamente más cercana y humana.

¿Dónde reside entonces el verdadero poder de las mujeres? Desde luego que no en aquél que complementa o corrige el poder de los hombres, sino en el que puede sustituirlo. La dominación masculina puede incluso promocionar alternativas femeninas con la seguridad de que no ponen en peligro el reparto de funciones que asegura su hegemonía. Lo que más tememos los hombres no es a una mujer, mucho menos si es mujer-mujer; lo que más nos incomoda es *otro* individuo.

23

Diestros y zurdos

Las categorías políticas no son inmortales; nacen y mueren, como los seres vivos. Tienen momentos de esplendor en los que desarrollan toda su fuerza explicativa, hacen comprensible el mundo y facilitan nuestras elecciones. Pero también se gastan, pierden su capacidad de orientación, nos confunden más que clarifican e incluso pueden convertirse en verdaderas imposturas.

Esta contingencia rige también la vida, la trasformación e incluso la posible muerte de conceptos políticos como los de derecha e izquierda. ¿Quién se acuerda hoy de que en otro tiempo la distinción fundamental era la que enfrentaba a monárquicos y republicanos o cuando todo el antagonismo político lo protagonizaban carlistas y liberales? No parece que vayan a desaparecer los conflictos sociales ni las identificaciones ideológicas, pero es seguro que con el paso del tiempo adoptarán diversas formas y denominaciones. Del mismo modo que hubo nobleza y siervos de la gleba, dueños y esclavos, élites y masas, propietarios y proletarios, revolucionarios e integristas, hoy parece explicarse mejor el antagonismo social si hablamos de minorías extractivas y precariado o de la casta y la gente. No podemos saber qué distinción ideológica caracterizará al combate político futuro, pero podemos estar seguros de que será muy diferente del actual.

Buena parte de nuestro desconcierto ideológico se debe a que a veces la derecha utiliza un lenguaje progresista y la izquierda habla en clave conservadora. La derecha se presenta como la abogada de la innovación, impulsora de la modernización o defendiendo la libertad vinculada a la desregulación, mientras que la izquierda se preocupa por cosas tan poco revolucionarias como la integración, la cohesión o el mantenimiento de las conquistas del Estado del Bienestar. La derecha, que tradicionalmente ha legitimado los hechos sociales como realidades inmodificables, piensa ahora en una sociedad más abierta a las posibilidades, más flexible y configurable; la izquierda, que ha venido pensando en términos revolucionarios, se daría por satisfecha ahora con conservar lo que hay. Los papeles se han invertido: la derecha se ha hecho utópica y la izquierda, realista. Esta situación parece aconsejar una nueva formulación de la diferencia entre derecha e izquierda, si es que uno quiere obtener alguna orientación para no perderse en el cambiante escenario de la política, especialmente equívoco desde que desaparecieron algunas de las referencias –cómodas al fin y al cabo– que ordenaban el mundo hasta el final de la Guerra Fría.

El dilema que se plantea actualmente consiste, dicho de manera concisa, en cómo continuar la modernización. Términos como desarrollo, crecimiento, aceleración, progreso y expansión aluden a un proceso que algunos se limitan a celebrar y otros, a la vista de sus no pocas consecuencias negativas, desearían parar. La sociología más reciente ha acuñado la expresión «modernidad reflexiva» para indicar la posibilidad de impulsar el desarrollo en sus diversas formas –tecnológico, económico, social– sin dejar de ponderar sus efectos negativos –sobre el medio ambiente o la integración social, por ejemplo– e introducir las correcciones correspondientes. Se trataría de desfatalizar los procesos sociales y entenderlos como posibilidades abiertas a la discusión. Con este esquema puede entenderse el nuevo reparto de papeles. La derecha estaría inclinada a subrayar el carácter inevitable de los procesos sociales y la izquierda tendería a hacer valer su dimensión configurable; la derecha preferiría la simplificación, la modernización sin más, mientras que la izquierda se inclinaría hacia la complejidad de una modernización reflexiva.

Una de las primeras cosas que esta diferenciación –en el caso de que sea certera– obliga a abandonar es la concepción lineal de la historia, el gran mito del progreso y del curso del tiempo que nos libera del lastre del pasado y nos conduce hacia un futuro emancipado. Los tiempos han cambiado tanto que ha variado incluso el tipo de cambio. Es inservible la idea del progreso si con ella se quiere indicar que el futuro será menos complejo, menos ambivalente que el pasado. Ya sólo la derecha puede creer el cuento del progreso que nos ha de traer necesariamente un futuro menos regulado, con menos limitaciones y más libertad de elección que el pasado. Lo que nos espera es, por el contrario, un desarrollo futuro radicalmente más complejo. El curso del tiempo sigue existiendo y se mueve hacia delante, por supuesto, pero ya no indica el camino desde la servidumbre hacia la libertad, sino el de la complejidad creciente. Algo esencial ha cambiado en el modo en que el tiempo discurre y las cuestiones políticas ya no se plantean en términos de modernización –es decir: quién llega antes o va más deprisa–, sino quién lo hace mejor, más reflexivamente y articulando las tensiones que generan los procesos sociales.

El dilema tradicional de la izquierda ha sido optar entre la revolución o la reforma, lo que suponía la aceptación de un curso coherente y reconocible de los acontecimientos frente al que sólo se discutía de velocidades. Cuando, con motivo de la caída del Muro de Berlín, comenzó a hablarse del «final de la historia», evidentemente nadie estaba afirmando el final de los acontecimientos históricos –lo que sería sencillamente irrisorio–, sino el agotamiento de una interpretación de la historia como secuencia irreversible de procesos y épocas que se suceden sin dejar huella. Ya no vivimos en un tiempo que pueda ser simplificado por una revolución o por los intérpretes progresistas de la historia, como la vieja izquierda o la derecha liberal. Se podría decir que hemos abandonado esta linealidad y nos encontramos en una época de coexistencia de procesos, tensiones y movimientos que no son reducibles a un eje dominante que los integre o confiera sentido. El principal problema ante el que nos encontramos no es el de llevar a cabo la revolución o sustituirla por reformas parciales, siempre en la misma dirección, sino el de procurar la coexistencia de tipos completamente heterogéneos de seres humanos, culturas, tiempos e instituciones.

Así pues, la izquierda ha de tomar partido por la complejidad frente a la simplificación, que es la gran tentación de la derecha, de lo que es buena muestra la simpleza, pero también la popularidad, de su discurso. Hasta hace poco, en la época de la modernización irreflexiva, la simplificación era la solución dominante. Era posible producir objetos (leyes, instituciones, industrias, comunicaciones, técnicas, mercados...) que no llevaban consigo consecuencias inesperadas y podían sustituir plenamente a otros objetos. Todo se basaba en la idea de que cuanta más ciencia y tecnología se aplicaran tanta menos discusión sería necesaria. Existía el mejor procedimiento, el óptimo económico, la solución más eficiente, medios para un fin determinado. Hoy nos movemos en un campo bien distinto. La variedad de consecuencias que provocan los medios que usamos modifica la definición de los fines. La ciencia y la técnica no suprimen las controversias, sino que las agudizan. Ya no vale apelar a la evidencia de unos datos o principios científicos indiscutibles porque es eso mismo lo que se ha tornado problemático. Los indicadores económicos no hacen innecesaria la discusión acerca de qué consideramos una buena sociedad, del mismo modo que tampoco el avance de la ciencia y la tecnología nos exime de establecer qué medio natural debemos conservar o cuáles son las condiciones no manipulables de nuestra corporalidad más allá de las cuales la vida se convierte en un artificio indigno.

En otros tiempos era la izquierda la que sostenía la existencia de unas leyes históricas o sociales; hoy es la derecha la que cree disponer de unas leyes científicas incuestionables y una disciplina económica que permite omitir los procedimientos democráticos. En este nuevo contexto la izquierda debería ser abogada de la discusión una vez que ha pasado el tiempo en que las ciencias podían ser utilizadas para simplificar los problemas sociales o eludir la política. La izquierda debería dificultar la vida a los simplificadores que presentan a las ciencias (especialmente, la economía) como suministradoras de datos indiscutibles y pretenden sustraerse así de las exigencias de una discusión pública. Hay que sustituir el imperativo de calcular por el de discutir.

En el fondo, el capitalismo actúa de una manera muy ineficiente cuando se trata de ponderar efectos externos de la actividad económica; funciona como un reductor de complejidad que nos acostumbra a pensar en términos simplistas y a desentendernos de la riqueza de significaciones, implicaciones y consecuencias de su actividad. En el fondo, tiene una visión simplista del funcionamiento de la sociedad y del bien común. A la izquierda le compete la tarea de establecer el diálogo social de los intereses económicos con las dimensiones y los interlocutores que tienden a quedar fuera de consideración.

Estar a favor o en contra de la intervención estatal no es lo que distingue a la izquierda de la derecha porque, en el fondo, ésa ya no es la cuestión. Los asuntos políticos ya no se dirimen con una fórmula simple, ni con planteamientos disyuntivos, como si hubiera que elegir entre el Estado o el mercado. El futuro será de quien conciba adecuadamente lo mixto, lo complejo y la articulación de lo heterogéneo.

Soy consciente de que esta propuesta de diferenciación entre la izquierda y la derecha no coincide con la caracterización dominante y que se trata, más bien, de la demarcación que a uno le gustaría. Tratándose de cuestiones políticas no es legítimo ocultar que las descripciones no son neutras y desinteresadas. Si alguien considera que ya no tiene sentido hablar de izquierdas y derechas, distingamos, si se quiere, entre zurdos y diestros, relativicemos o subrayemos la diferencia; siempre habrá quien se ponga de parte de una objetividad escasamente maleable y quien prefiera la complejidad que supone entender la realidad social como un entramado de posibilidades, escasas tal vez, pero suficientes para que la política sea una aventura casi tan difícil como conseguir que una orquesta suene aceptablemente bien.

IV

LA DEMOCRACIA EN LA ERA DE TRUMP

En el inventario de cuanto nos ha producido especial perplejidad política ocupa un lugar destacado la elección de Donald Trump como presidente de Estados Unidos en noviembre de 2016. Pero que algo nos haya sorprendido no quiere decir que no pueda explicarse, que no responda a cambios sociales y políticos insuficientemente advertidos por quien se sorprende ante uno de sus efectos. La razón retrospectiva es más fácil que la razón anticipativa y tal vez ejercitar la primera puede servirnos para fortalecer la segunda. ¿Cuáles son esas cosas en las que se han producido transformaciones sociales profundas, que indignan a buena parte de la sociedad y que no acaban de ser adecuadamente interpretadas? Yo las sintetizaría en tres procesos que son particularmente visibles en la sociedad americana, pero que tienen manifestaciones muy similares en otras sociedades: una política degradada que no se concibe como el ejercicio de las virtudes públicas y que da la impresión de ser el oficio de un círculo cerrado de privilegiados que se dedican al ejercicio de la intriga; un modelo de capitalismo virtual acelerado que ofrece muchas oportunidades a algunos, pero que destruye ámbitos completos de empleo y que resulta literalmente insufrible para muchos trabajadores; y, en tercer lugar, un dualismo también en referencia al fenómeno multicultural, celebrado idílicamente por quienes no experimentan más que sus beneficios y temido en exceso por quienes lo viven en sus dimensiones más conflictivas.

24
El desconcierto de las élites

Están pasando cosas imprevistas, también para quienes en principio disponen de los mejores instrumentos para conocer la sociedad y anticipar su posible evolución: resultados electorales desconcertantes, pérdida de referendos contra todo pronóstico, avance de fuerzas políticas reaccionarias... El pabellón de los desconcertados está formado por gente de variada procedencia, tanto de derechas como de izquierdas, los conservadores clásicos y los pijos progresistas, el Partido Republicano americano y los Clinton, los democristianos y los socialdemócratas europeos... En tiempos de fragmentación lo único transversal es el desconcierto, aunque a la derecha le suele durar menos. Por lo general, los conservadores se llevan mejor con la incertidumbre y no tienen demasiadas pretensiones de formular una teoría de la sociedad, mientras las cosas funcionen. La izquierda suele sufrir más con la falta de claridad y tarda mucho tiempo en comprender por qué, por ejemplo, los trabajadores votan a la extrema derecha. De ahí el amplio debate acerca de qué debe hacer la izquierda (los liberales, los demócratas, los socialistas o los progresistas) para recuperar alguna capacidad estratégica en medio de una situación que ni comprende ni, por supuesto, controla. De todas maneras, puede que la distinción entre la derecha y la izquierda sea menos relevante que la diferencia entre quienes en América lo han entendido (Donald Trump y Bernie Sanders) y quienes no han entendido nada (los demócratas y los republicanos clásicos).

¿Cómo se explica este desconcierto? Mi hipótesis es que tiene su origen en la fragmentación de nuestras sociedades, en la segregación urbana, la exclusión y el dualismo laboral. Vivimos en sociedades atravesadas por fracturas múltiples, en Estados Unidos, concretamente, entre las ciudades de la costa y el interior del país, entre la población blanca y las minorías, la ética protestante del trabajo y una cultura de la abundancia y la diversión... Al mismo tiempo, los medios, los tradicionales y los nuevos, han acelerado esta fragmentación de las identidades culturales y políticas; especialmente, las redes sociales permiten la creación de comunidades abstractas y homogéneas en unos enclaves de opinión donde se refleja la autosegregación psíquica de las comunidades ideológicas.

Una de las consecuencias de esta ruptura es la incapacidad de entenderse unos a otros, no solamente desde el punto de vista de compartir objetivos comunes, sino también desde el meramente cognitivo: hacerse cargo de lo que les pasa a los otros, de las razones de su malestar, antes de denigrar el hecho de que no tengan soluciones verdaderas a ese malestar o se dejen seducir por ofertas políticas que no representan ninguna solución. Por un lado, ese grupo de americanos blancos, mayores, de las clases medias y movidos por un espíritu de resentimiento racial contra la América de las minorías que Barack Obama encarnaba, que se sienten irritados con la inmigración y el comercio internacional. Por otro, la secesión de una minoría civilizada que se distancia de las pulsiones «populistas» no tanto porque tiene una idea superior de democracia como porque no sufre las amenazas de precariedad que afectan a los más golpeados por la crisis ni comprende los temores de los de abajo. Las élites dirigentes no están entendiendo bien lo que ocurre en el seno de nuestras sociedades, probablemente porque ellas se encuentran en unos entornos cerrados que les impiden entender otras situaciones vitales. No hay experiencias compartidas ni visión de conjunto; tan sólo la comodidad privada, de una parte, y el sufrimiento invisible, de la otra. Quienes se han turnado en la dirección de los asuntos públicos no han entendido lo corrosiva que está resultando para la democracia una persistente desigualdad y diferencia de oportunidades. Las múltiples convulsiones experimentadas por la sociedad americana (con sus equivalentes en otros lugares del mundo), desde el Tea Party a Trump o, en el extremo contrario, los movimientos Occupy Wall Street y el éxito inesperado de Bernie Sanders, son los síntomas de la desafección ante una «modernidad» forzada, mientras que la élite y su formidable aparato de propaganda repite una y otra vez que no hay otro horizonte posible.

Las élites argumentan que ciertas reacciones no son razonables ni ofrecen las soluciones adecuadas, y es cierto, pero eso no les exime de la responsabilidad de indagar en las causas de ese malestar y pensar que tal vez estén haciendo algo mal. Insistir en que la política es representativa, que la globalización proporciona muchas oportunidades y el racismo es malo es algo que sólo vale para tener razón, pero no sirve para hacerse cargo de por qué resulta tan irritante el elitismo político, qué dimensiones de la globalización representan una amenaza real para mucha gente y qué aspectos del conflicto multicultural deben resolverse con algo más que buenas intenciones.

Pero tampoco la gente es necesariamente más sabia que sus representantes, por lo que esa fórmula de elitismo invertido que es el populismo no soluciona nada. El problema de fondo es la falta de mundo común. Las soluciones sólo se alumbrarán compartiendo experiencias, es decir, emociones y razones; si, en vez de seguir enfrentando las razones de los de arriba con las pulsiones de los de abajo, aquéllos interpretan adecuadamente las irritaciones de éstos, condición indispensable para que los irritados puedan confiar en las intenciones y capacidades de quienes les representan.

25

Una política sin virtudes cívicas

La inesperada victoria de Donald Trump en las pasadas elecciones norteamericanas será motivo de múltiples análisis. Lo que aquí me interesa es plantear algunas de las claves que podrían ayudarnos a entender, de entrada, por qué entendemos tan poco lo que nos pasa y recurrir a ciertos elementos de cultura política que explicarían los factores que su campaña supo movilizar. La democracia según Trump conecta con ciertas valoraciones de fondo de una parte de la sociedad americana –la cultura cívica y populista del viejo jeffersonianismo, el capitalismo de propietarios frente a la globalización financiera, un cierto agotamiento del paradigma multicultural– por más que no represente una solución acertada a problemas de los que ha sido capaz de erigirse en portavoz. Lo que no ha conseguido en absoluto es dotar a estos objetivos de la menor coherencia, un valor que parece importarle menos incluso que la objetividad.

En el imaginario que alimentaba la reciente contienda electoral americana no sólo se han enfrentado la izquierda y la derecha, sino también dos conceptos de lo político que permitían a su vez una versión de izquierda y de derecha: el republicanismo cívico y el elitismo liberal-conservador. Sin todos los matices que requeriría semejante encuadramiento, considero que Trump y Bernie Sanders aspiraban a representar lo primero, el ideal cívico, mientras que los partidos republicano y demócrata serían vistos como lo segundo, el llamado *establishment*.

Las elecciones han reactivado el mito del hombre corriente *(common man)* de la tradición radical-plebeya, tan presente en el relato fundacional de Estados Unidos, la relación inmediata con la naturaleza, el papel del trabajo, el rechazo de la abstracción y la burocracia, las intrigas políticas del poder federal, la aversión por la corrupción y los grupos organizados, una fe inquebrantable en los ideales americanos y el bien común. Al igual que ocurrió con el Brexit, que hizo visible la contraposición entre el campo y la ciudad, las recientes elecciones americanas han reflejado la oposición entre el sueño jeffersoniano de una democracia descentralizada de los pequeños propietarios y la concepción hamiltoniana de un poder centralizador e industrial.

Mientras que la democracia liberal requiere únicamente una sociedad de consumidores cultivados, la concepción cívica, populista, de la democracia exige un mundo entero de héroes, como afirmaba Christopher Lasch. Este sociólogo reivindicó hace años una identidad del Medio Oeste *(Midwest)*, donde se encontraría una auténtica cultura democrática americana de inspiración protestante (unos tipos sobre los que Robert Altman construyó su película *El último show*, por citar un solo ejemplo de entre los muchos que podrían mencionarse).

Y es que los productos de la industria cultural americana explican mejor las actuales confrontaciones políticas que muchos tratados de teoría de la democracia. Encontramos esa celebración del hombre democrático en las películas de Frank Capra, donde se ensalza el ideal americano, la vida de la comunidad cívica que reposa sobre la ética individual de sus miembros, un modelo de virtud que parece anacrónico en la época de la manipulación política, los escándalos financieros y el trabajo deslocalizado. En alguno de los personajes de sus películas (pensemos en James Stewart interpretando al protagonista de *¡Qué bello es vivir!*) encontramos tipos que, de alguna manera, desarrollan en la sociedad moderna la virtud cívica asociada a la gloria marcial en la sociedad premoderna.

La antítesis de este hombre ordinario decente puede encontrarse en los protagonistas de una serie televisiva como *The Office*, personajes psicológicamente laminados cuya referencia es una cultura de masas en la que el único deber es no imponer sus preferencias a los demás, un yo flotante, amorfo, desencantado y cínico, que carece de prejuicios porque tampoco tiene ninguna opinión propia que pueda exponer a la crítica. Al mostrar la inanidad del mundo del trabajo de oficina, los que han concebido esta serie no aspiran a alertar a quienes tienen un trabajo de mierda sobre su condición proletaria; la ironía cínica neutraliza, por el contrario, cualquier toma de conciencia de la propia alienación y su posible protesta.

Me parece que éste es el trasfondo de buena parte de las disputas políticas que están teniendo lugar en la sociedad americana y en otros lugares del mundo, una insatisfacción profunda con respecto a ciertas formas de hacer política que son lo más opuesto al modelo republicano, con su idea de virtudes públicas y compromiso cívico. Vivimos en democracias liberales entendidas como procedimientos para la confrontación política y como estructuras de gobierno que erosionan la democracia en tanto que forma de civilización. Quienes tienen éxito en este mundo de simplismo telegénico o tuiteado no son, por supuesto, quienes mejor representan esa cultura cívica, sino quienes mejor se aprovechan de su decadencia. No deja de ser una paradoja que los americanos hayan confiado esta recuperación de las virtudes cívicas contra el *establishment* a una persona tan ignorante de la democracia y tan poco virtuosa políticamente como ellos mismos. El hecho de que ciertos extremismos políticos no constituyan una verdadera solución a nuestras democracias de baja intensidad e incluso representen algunas de sus peores manifestaciones no debería impedirnos considerar estos fenómenos como el síntoma de un malestar que ha de ser bien interpretado y al que hay que ofrecer soluciones democráticas.

26

Viejo y nuevo capitalismo

Otro de los contrastes que estaba en juego en las recientes elecciones americanas era el que distingue al capitalismo industrial clásico del nuevo capitalismo digital, el de las grandes ciudades industriales del interior frente al capitalismo financiero o creativo de Silicon Valley y Wall Street. La evolución del capitalismo ha convertido en algo casi obsoleto lo que podríamos llamar economía real, el trabajo del sistema industrial y la manufactura, sustituidos por el de los «analistas de símbolos» (Robert Reich), cuyo interés consiste en conectarse a las comunidades de éxito, al mercado internacional del dinero que circula rápidamente, al glamur, la moda y la cultura pop, las élites prósperas y móviles que viven en las ciudades donde se goza, pero nadie puede sentar raíces, educar a sus hijos, vivir y morir. Ha surgido en los últimos años toda una economía virtual e inmaterial, un capitalismo de accionistas y especuladores, sin verdaderos propietarios, que contrasta con esa idea del primer capitalismo en el que la condición salarial no era más que un estadio temporal antes de que cada uno pudiera acceder a la condición de propietario de los medios de producción.

Buena parte de la ciudadanía ve las políticas de desregulación, globalización y deslocalización del empleo industrial, los desequilibrios territoriales y la economía de la innovación como una verdadera amenaza que parece no beneficiar más que a un pequeño grupo de diplomados de las mejores universidades. Vivimos en un sistema económico y político que favorece la concentración de las riquezas y el poder sin que beneficie al conjunto de la población. Pero antes incluso que una cuestión de justicia hay también un problema de comprensión; tras las protestas frente al nuevo capitalismo existe tanto una indignación moral como una irritación ocasionada por la perplejidad.

Esta evolución reciente del capitalismo forma parte de esa creciente virtualización del mundo que mucha gente no termina de entender. Se trata de un modelo económico que refuerza el poder de los dirigentes o del capital, mientras disminuye el valor del trabajo humano. Al igual que la producción en masa desconectó al obrero de los talentos que eran antes necesarios para los artesanos el marketing de masa desconecta ahora a los trabajadores de sus clientes. Tal vez el ejemplo más elocuente de esta desconexión lo encontremos en el oficio de banquero, despersonalizado y regido por fuerzas impersonales que operan a distancia del lugar de trabajo (los resultados o balances que se exigen desde la central). Puede ser ilustrativo recordar a este respecto que en el siglo XIX estaba prohibido en Estados Unidos abrir una sucursal en una localidad diferente del lugar de origen de la sede central del banco. Para evaluar la fiabilidad de cualquier operación de préstamo e inversión, los banqueros tenían que ser capaces de mantener una relación directa con los prestatarios, capacidad fundada sobre la experiencia práctica de la comunidad. Hoy este conocimiento práctico del cliente ha sido remplazado por los modelos algorítmicos, y el consejero bancario por la burocracia.

Esta intermediación y lejanía se verifica en otros muchos ámbitos en los que se está llevando a cabo una desmaterialización del mundo del trabajo. Lo está planteando de un modo muy interesante el filósofo americano Matthew Crawford, que reivindica, frente al capitalismo de casino y la economía especulativa, el mundo industrial e incluso artesanal, como prueba el hecho de que se defina a sí mismo como un filósofo y reparador de motos. Es algo que ya había sido apuntado por Richard Sennett en su reflexión sobre la artesanía y que forma parte del imaginario popular de la sociedad americana, tal como se presenta, por ejemplo, en esos programas de la televisión americana que ensalzan el bricolaje, la solidaridad vecinal y la lucha por la supervivencia en medio de una naturaleza hostil.

Es cierto que hay en todo ello mucha nostalgia y una visión romántica del viejo mundo industrial, una consideración demasiado negativa de la globalización y una incapacidad de entender la transformación de la economía del conocimiento, que no necesariamente equivale a la especulación financiera. Por otro lado, es un verdadero sarcasmo que quien se presenta para resolver estas tensiones sea un personaje como Donald Trump, que no procede precisamente del mundo de las ONG y los movimientos antiglobalización.

Uno de los dilemas a los que tenemos que enfrentarnos es interpretar adecuadamente ciertas resistencias ante la globalización, que no son siempre irracionales. La coincidencia entre parte de la izquierda y de la derecha en la oposición al Tratado Trasatlántico de Comercio e Inversiones (TTIP por sus siglas en inglés) debería hacer pensar a unos y otros. El repliegue del *American first* o *La France d'abord* es una respuesta inadecuada frente a un problema real, el del desacoplamiento entre los mercados y las sociedades. Conocemos los enormes costes que ha tenido en la historia el cierre de los espacios abiertos, pero también sabemos que se paga muy cara la desatención hacia las señales emitidas por la gente, por muy estúpidas e incoherentes que puedan ser; expresan un deseo de protección que tienen derecho a obtener aunque sea en condiciones muy distintas a los compromisos alcanzados por el viejo Estado nacional del Bienestar. Mientras no se consiga esto habrá resistencias a la configuración de espacios abiertos para el comercio y la libre circulación de personas, unas resistencias en las que se mezclan siempre aspiraciones razonables y reacciones torpes, pero que no son nunca temores del todo infundados.

27

¿El final del multiculturalismo?

Uno de los hechos más sorprendentes de las recientes elecciones americanas es que la batalla se haya saldado principalmente en el campo de lo socioeconómico y que los conflictos que tienen que ver con la diversidad cultural hayan sido menos relevantes. Hay quien se ha lanzado con rapidez a declarar el final del multiculturalismo y la vuelta de otros campos de confrontación anteriores a las reivindicaciones del reconocimiento e incluso un cierto retorno de las clases frente a la primacía que han tenido durante estos últimos decenios las diferencias de género y cultura. Después de años de hablar de «conflictos postsocialistas», en los que la identidad colectiva remplazaba a los intereses de clase como lugares de movilización política, donde la injusticia fundamental no era la explotación económica, sino la dominación cultural, parece que asistimos a una vuelta a las razones de tipo económico; sólo así se explicaría que se haya movilizado a los grupos sociales que dieron la victoria a Donald Trump y que hayan tenido tan pocos motivos para ir a votar algunos de los que lo hicieron anteriormente por Barack Obama y cuyo voto reclamaba ahora Hillary Clinton.

Ésta ha sido la interpretación por la que algunos han declarado el final del multiculturalismo. Mark Lilla afirmaba en el *New York Times* que el liberalismo americano ha caído en una especie de histeria moral en relación con la identidad racial, sexual y de género que ha distorsionado su mensaje y le ha convertido en una fuerza incapaz de unificar a la sociedad y de gobernarla. La política tiene que ver también con intereses compartidos y propuestas para todos; incluso la defensa de una diferencia requiere un cuadro general de gobierno basado en los derechos, sin el cual no habrían tenido lugar las conquistas de los movimientos a favor de los derechos de las mujeres, por ejemplo, que no querían votar *de otra manera* sino *al igual que* los hombres. Para Lilla explicar el éxito de Trump por el resentimiento de un grupo de hombres blancos, rurales y religiosos *(the whitelash thesis)* impediría a los demócratas entender que ese grupo de americanos se siente realmente como un grupo marginado en la medida en que no encaja en ninguna de las categorías de la acción afirmativa.

Ahora bien, si los habitantes de la América profunda se han movilizado de esta manera, como grupo discriminado, entonces no estaríamos ante el agotamiento del multiculturalismo, sino en una fase nueva de éste, en la que simplemente se reivindica el reconocimiento de un grupo que no estaba en el listado de los desfavorecidos: el de quienes carecían de adscripción que justificara un reconocimiento especial. El multiculturalismo sería criticado por no ser suficientemente multicultural. Lo que comenzó para destruir una determinada hegemonía habría terminado por convertirse en un instrumento contra la posible discriminación de los antiguos dominantes. Este giro inesperado de la argumentación supondría una especie de triunfo póstumo de la causa pluricultural. Quienes no se sienten acogidos por las categorías raciales o sexuales que ha inventariado el multiculturalismo se estarían vengando de él... recurriendo a una lógica multicultural. Para evitar dar la razón a lo que se combate, Pascal Bruckner propuso en *Le Monde* interpretar este giro de otra manera. No se trataría de añadir una nueva particularidad a las actualmente reconocidas, sino de sublimarlas a todas; es el retorno del Pueblo (o la Nación), después de décadas de atención a las minorías, la vuelta de lo social tras lo étnico. El tiempo dirá cuál es la lógica que ha impulsado esta nueva escaramuza en la lucha por la igualdad, si el paradigma cultural o el económico (o ambos y en qué medida). Podríamos quedarnos de momento con la resignada declaración de Michael Walzer, que, sin declarar el final ni el retorno de nada, se ha limitado a describir su desconcierto ante la nueva situación con un gesto de nostalgia: «Algunos de nosotros imaginamos que la suma de todas las victorias particulares sería una sociedad de iguales».

Sea lo que fuere, es cierto que los demócratas no han entendido en toda su amplitud el fenómeno de la diversidad cultural, que incluye también aspectos conflictivos de difícil gestión. El discurso de las élites ante la diversidad cultural carece de realismo y sinceridad; ambas cosas resultan hirientes para quienes conviven habitualmente con esa diversidad en sus aspectos menos idílicos. Existe un tipo de persona progresista que se siente cosmopolita y moralmente superior porque se eleva por encima de sus intereses cuando en realidad sus intereses no están en juego y los que se sacrifican son los intereses de otros, más vulnerables, más en contacto con las zonas de conflicto. Hay una forma de arrogancia e hipocresía en las élites multiculturales cuya experiencia de la alteridad se reduce a encuentros agradables en el bazar de la diversidad (en el consumo, la diversión o como mano de obra barata). Son élites que no sienten la inseguridad física en sus barrios ni la inseguridad laboral en sus puestos de trabajo. A cierta izquierda, en Nueva York y en París, le encanta hablar de empatía, pero rehúye todo debate acerca de la realidad concreta de una sociedad multicultural en la que no todos los conflictos se deben a una motivación xenófoba, como si no hubiera más dificultades para la integración que las originadas por los comportamientos racistas. ¿Es ésa toda la explicación que tiene de que los trabajadores de las zonas industrialmente degradadas de Estados Unidos o de las periferias de París estén votando a la derecha?

Si la izquierda, los liberales o las élites no terminan de entender esto (salvo, en cierto modo, Sanders y Trump a su manera) es porque no tienen contacto ni con el mundo industrial ni con «los otros» y sólo ven las ventajas de la globalización o los encantos de la diversidad. El problema es que quienes encarnan las rebeliones no representan una verdadera solución a los problemas que han conseguido identificar. Ni siquiera todos sus votantes piensan que Trump o Marine Le Pen tienen las soluciones necesarias. Lo único que probablemente han hecho mejor que las otras élites es comprender lo que está pasando y acertar en las claves de su rentabilidad electoral.

¿Cómo debemos entender entonces los nuevos conflictos? ¿Podemos asegurar que vuelven los conflictos de clase, después de décadas de confrontación cultural e identitaria? ¿Cómo determinar quién está realmente excluido y por qué (si por ser mujer o pertenecer a determinada raza o simplemente por ser pobre)? Desde luego que no están hablando desde la lógica de clases quienes plantean reivindicaciones del estilo «Somos el 99%». Muchas de las protestas que han tenido lugar en los últimos años no han sido en absoluto movilizaciones de clase, sino que han formulado la oposición radical a un sistema del que se beneficiaría una ínfima minoría y que padecería una gran mayoría.

No creo que las cuestiones relativas al sexo, la raza o la identidad vayan a desaparecer de la escena política norteamericana ni de nuestras democracias en general. Del mismo modo que pudo ser un error suponer que las reivindicaciones de las minorías iban a disolver la cuestión social, se equivocaría igualmente quien tratara de volver a una lógica de clase que no tuviera en cuenta las discriminaciones específicas de las que son objeto todavía, por ejemplo, los afroamericanos, como pone de manifiesto el reciente movimiento de protesta Black Lives Matter. Es fácil comprender que hay una relación entre las desigualdades económicas y la violencia racista. El paradigma del reconocimiento no invalida los problemas de redistribución. De hecho, todos los ejes de opresión en la vida real son mixtos; suele ocurrir que quien es excluido culturalmente sea desfavorecido económicamente. Además, no existen zonas puramente económicas o espacios exclusivamente culturales; cualquier práctica social es simultáneamente económica y cultural, aunque no necesariamente en las mismas proporciones, como advierte Nancy Fraser. Probablemente lo más adecuado sea afirmar que la justicia requiere hoy ser pensada *a la vez* como redistribución y como reconocimiento.

Nadie ha extraído una conclusión más acertada, aunque modesta, de esta nueva constelación que el también americano Michael Walzer: «De momento, los combates que necesitamos no han emergido todavía». Ni sindicatos ni partidos están en ello. Hay intereses que no están suficientemente representados o del modo que les es debido. Emigrantes, jóvenes, generaciones futuras, trabajadores especialmente vulnerables no pueden ser representados como la vieja lucha sindical lo hizo con los asalariados, pero tampoco los partidos políticos vehiculan adecuadamente el compromiso político de la ciudadanía. Es posible que haya nuevas mayorías que esperan nacer, en cuanto vuelvan a repartirse las cartas entre las élites y la gente, cuando comience el juego que vuelva a articular política, economía, sociedad y cultura de acuerdo con las nuevas circunstancias.

V

CONFIGURAR SISTEMAS INTELIGENTES

Uno de los reproches que los filósofos estamos más acostumbrados a sobrellevar es aquél según el cual nos dedicamos demasiado a los problemas y muy poco a las soluciones. En cierta medida eso es verdad y se debe a que solemos pensar que una buena formulación de los problemas es parte de la solución, si no la solución entera. Si uno consigue llegar a este punto, el resto del trabajo puede dejárselo a otros. Uno podría hacer entonces como Philip Marlowe, el famoso detective de las novelas de Raymond Chandler que, flirteando con una bella mujer, llega a un punto en el que se dice a sí mismo: «El siguiente paso estaba cantado, así que no lo di». Tras haber explicado por qué lo más relevante en política no es tener a las mejores personas, sino haber diseñado los mejores sistemas, una vez planteadas algunas sugerencias para sobrevivir a los malos gobernantes y después de haber diseccionado el doble riesgo de las tecnologías dejemos que concreten otros. Entre esos otros más prácticos hay gente admirable, lo sé; pero no serían tan diestros en la práctica si hubieran dedicado su tiempo a hacerse preguntas tan extrañas como ésas que nos hacemos los filósofos.

La principal tarea del gobierno de la sociedad del conocimiento consiste en crear las condiciones de posibilidad de la inteligencia colectiva. Sistematizar la inteligencia, gobernar a través de sistemas inteligentes, debería ser la prioridad de todos los niveles de gobierno, instituciones y organizaciones. Gobernar entornos complejos, hacer frente a los riesgos, anticipar el futuro, gestionar la incertidumbre, garantizar la sostenibilidad o estructurar la responsabilidad nos obliga a pensar holísticamente y a configurar sistemas inteligentes (tecnologías, procedimientos, reglas, protocolos...). Sólo mediante tales dispositivos de inteligencia colectiva es posible acometer un futuro que ya no es la pacífica continuación del presente, sino una realidad intransparente, llena de oportunidades por la misma razón por la que contiene también riesgos potenciales de difícil identificación. Ese mismo principio de gobierno inteligente debería presidir la manera de relacionarnos con nuestros dispositivos tecnológicos para hacer frente a las nuevas ignorancias que, en una sociedad compleja, nos vemos obligados a gestionar.

28

La política como ámbito de innovación

Todas las reflexiones que están en el origen de ese cambio de perspectiva sobre la política que se contiene en el vocablo «gobernanza» parten de esta constatación: tenemos un problema con la política, un problema que no se arregla mejorando los instrumentos de los que disponemos, sino cambiando de problema; no es que tengamos bien identificado el problema y nos falle únicamente el instrumento con el que pretendemos solucionarlo. Nuestro desacierto es más radical: ha cambiado la función de la política y seguimos pensando que lo único que deben variar son las soluciones, haciendo que la misma política sea ahora más eficaz o modificando el formato. La mayor audacia conceptual que somos capaces de proponer es la transposición de lo que era válido en el ámbito del Estado a las nuevas realidades globales o atemperar el ejercicio del poder para que sea aceptable en sociedades más activas.

Pero no, las cosas son más complicadas. El cambio que se ha producido en el mundo contemporáneo es muy profundo y afecta a la política de un modo más radical; cabría afirmar sin exageración que estamos ante un proceso de transformación social que interpela a la política como lo hicieron, hace cuatrocientos años, aquellos cambios sociales que estuvieron en el origen de la invención de los modernos estados nacionales. Estos procesos son los que están produciendo actualmente unas transformaciones insólitas en las formas institucionales, instrumentos y mecanismos de coordinación gracias a los cuales las sociedades actuales intentan resolver sus problemas colectivos y proveer los bienes públicos. Podemos calificarlos de cambios irreversibles, que no obedecen a una moda pasajera, sino a cambios estructurales, como la globalización de la economía, la configuración de sociedades del conocimiento, la individualización de los estilos de vida o la europeización de nuestras sociedades. En medio de estas turbulencias no se trata de mejorar la eficacia de la política tradicional, ni siquiera de adaptarla a unas nuevas realidades, sino de entender cuál es la función que tenemos derecho a esperar de la política en un mundo diferente.

La crisis de la política se debe al menos a tres grupos de problemas que es necesario distinguir.

1. Un primer sentido de esta crisis se debe a que la política no hace bien aquello para lo que estaba prevista. En el nivel más elemental de malestar nos referimos a un fracaso que se detecta, que puede corregirse y que no cuestiona nuestras orientaciones vitales: en este ámbito se sitúan las reformas que mejoran la política existente haciéndola más eficaz.

2. Más complejos son los problemas que proceden de una falta de adecuación ante la presencia de nuevos formatos, problemas inéditos, bienes comunes para cuya gestión no hay un nivel de decisión institucional adecuado o legitimado. Aquí entraría toda la conmoción que produce en la vieja política el proceso de globalización. En ese caso, la solución apunta a encontrar un equivalente funcional que pueda ejercer unas funciones análogas a las del Estado en la dimensión global. Como a eso no lo podemos llamar ni Estado ni gobierno mundial, convenimos en denominarlo «gobernanza global».

3. Pero hay un nivel más inquietante, en el que las reformas o los cambios de formato resultan insuficientes, porque no estamos ante la necesidad de encontrar nuevas soluciones a problemas conocidos, sino de identificar nuevos problemas. En este caso no sólo son inadecuadas las soluciones habituales, sino también los problemas que estábamos acos-

tumbrados a formular. Lo que se requiere entonces es un ejercicio de innovación política que exige otra manera completamente distinta de pensar y actuar. Cambios de paradigma de este estilo son los que se están produciendo, por ejemplo, con la irrupción de las nuevas tecnologías de la información y la comunicación, que no son una mera ampliación del instrumentario tecnológico disponible, sino que afectan sustancialmente a la forma de nuestro espacio público; cabe mencionar también el caso de la configuración de la actual sociedad del conocimiento, cuya radicalidad no la entendería quien la concibiera como un mero aumento cuantitativo de las instituciones del conocimiento; se equivocará también quien aborde las actuales transformaciones de la política como si se tratara de problemas de reforma administrativa; podríamos incluir en esta somera enumeración de ejemplos de innovación política al concepto de gobernanza global, que representa más una ruptura que una continuidad respecto de las antiguas «relaciones internacionales».

Cuando hablamos de innovación estamos habituados a pensar en ciencias experimentales, economía y tecnologías, pero no en ciencias humanas, en las sociedades y, mucho menos, en sus gobiernos. Uno podría quejarse por esta restricción del concepto de innovación, pero la verdad es que hay alguna razón que explica el hecho de que casi nadie asocie la política con alguna novedad. Es llamativo que en el mismo mundo convivan la innovación en los ámbitos financieros, tecnológicos, científicos y culturales con una política inercial y marginalizada. El repliegue de la política frente al vigor de la economía o al pluralismo del ámbito cultural es un dato que merece ser tomado como punto de partida de cualquier reflexión acerca de la función de la política en el momento actual. Es una valoración casi unánimemente compartida el hecho de que la capacidad configuradora de la política retrocede de manera preocupante en relación con sus propias aspiraciones y con la función pública que se le asigna. No se trata de defectos de las personas o incompetencias singulares, sino de un déficit sistémico de la política, de escasa inteligencia colectiva por comparación con el vitalismo de otros ámbitos sociales.

Vivimos efectivamente en una sociedad descompensada: entre la euforia tecno-científica y el analfabetismo de valores cívicos, entre la innovación tecnológica y la redundancia social, entre cultura crítica en el espacio de la ciencia o en el mundo económico y un espacio político y social que apenas se renueva. Hace tiempo que las innovaciones no proceden de instancias políticas, sino de la inventiva que se agudiza en otros ámbitos de la sociedad. No se concibe, sino que se repara desde una incapacidad crónica para comprender los cambios sociales, anticipar los escenarios futuros y formular un proyecto para conseguir un orden social inteligente e inteligible.

Es cierto que las circunstancias se han complicado porque en la sociedad que hay que gobernar se ha multiplicado casi todo: los niveles de gobierno, los sujetos que intervienen en los procesos sociales, los escenarios sociales, las exigencias contradictorias (economía, política, cultura, seguridad, medio ambiente...), las materias que son objeto de decisión, las interdependencias, los impactos de cada intervención... Pero la política no es administración, sino configuración, diseño de las condiciones de la acción humana, apertura de posibilidades. Tiene mucho que ver con lo inédito y lo insólito; no es una acción que se atenga estrictamente a la experiencia de que se dispone. La política es una acción cuyas consecuencias tienen mayor alcance que sus previsiones. Este contraste, que vale para casi todas las acciones humanas, es especialmente agudo en el caso de aquéllas que, como la política, se llevan a cabo en medio de una incertidumbre extrema. Las nuevas situaciones recuerdan a la política que ha de plantearse la pregunta de si está ante problemas que simplemente puede solucionar o si se trata de transformaciones históricas que exigen una nueva manera de pensar.

Pero el sistema político no parece demasiado preocupado por el papel que le pueda corresponder tras las actuales transformaciones. Parece faltarle esa presión que el curso de los acontecimientos ejerce, por ejemplo, sobre las instituciones económicas y que moviliza los resortes para la supervivencia. La política y sus instituciones acogen con tranquilidad los malos presagios acerca de su futuro como si disfrutaran de una inmunidad teórica y práctica. Pero es inminente su expulsión de ese paraíso. La expectativa hasta ahora válida de que los sistemas y programas pueden operar sin alternativa se derrumba en el momento en que los destinatarios descubren que pueden de hecho *elegir* el régimen de gobierno que desean: pueden desentenderse de la política, ignorarla en sus decisiones, actuar como si no existiera, asignarle unas competencias menores... Podría suceder que la política siguiera funcionando y se ocupara de sí misma sin que eso molestara a nadie porque sus prestaciones fueran irrelevantes para los otros sistemas, hasta el punto de que se planteara la cuestión acerca de qué función social cumple que no pueda ser llevada a cabo por otros sistemas incluso de un modo más profesional. De ahí que la gran cuestión a la que se enfrenta la política consiste en qué forma ha de adoptar para no ser socialmente irrelevante. En este contexto es en el que surge el concepto de gobernanza como una estrategia para recuperar esa fuerza configuradora y transformadora que la política parece estar perdiendo.

El concepto de gobernanza sirve para referirse a nuevas realidades que no estaban bien cubiertas por otros términos tradicionales, al tiempo que contiene una expectativa de renovación de la política, después de décadas en las que el discurso ha oscilado entre la planificación tecnocrática y el desánimo de la ingobernabilidad. En el plano político se refiere a las nuevas formas de gobernar dentro o más allá del Estado nacional; en el ámbito económico este concepto se utiliza para referirse a la regulación de los mercados o la organización interna de las empresas; los juristas analizan desde esta perspectiva cuestiones que van desde la reforma de las administraciones a la función del Derecho en un mundo globalizado.

El concepto de gobernanza, entendido en un sentido amplio, alude a un cambio profundo en la acción social y las formas de gobierno de las sociedades contemporáneas, que deben resituarse en medio de un ámbito, no exento de tensiones, configurado por el Estado, el mercado y la sociedad, y en un contexto marcado por la globalización y la interdependencia. En la teoría política la gobernanza expresa una transformación de la estatalidad en las democracias que se ve obligada a transitar desde formas jerárquicas y soberanas hacia modalidades más cooperativas. La idea de gobernanza trata de hacer frente a la circunstancia de que en muchos ámbitos políticos se han disuelto los límites del Estado tanto frente a la sociedad como frente al contexto internacional. Y en el discurso económico la gobernanza se refiere al hecho de que el funcionamiento de los mercados sólo puede entenderse correctamente si se analiza con una perspectiva sistémica, es decir, teniendo en cuenta las formas de coordinación no mercantiles que configuran esos mercados.

El trabajo que plantea la investigación sobre la gobernanza es enorme. Hay que volver a pensar en toda su complejidad la trama que forman la jerarquía, el mercado y las redes, que ya no pueden pensarse separadamente. La porosidad entre Estado y sociedad o entre estados y espacio internacional ha dado lugar a una densidad de interdependencias para cuya comprensión y gestión son insuficientes los instrumentos elaborados en un mundo que estaba menos interconectado. El desafío consiste en entender y gobernar procesos de comunicación y cooperación en el espacio entre actores cuyas acciones son interdependientes. ¿Cómo integrar a los distintos actores y en qué medida? ¿Cómo articular distintas esferas sociales (economía, cultura, política, medios de comunicación) y los diferentes niveles institucionales?

Últimamente se ha ido asentando la convicción de que la regulación de problemas colectivos y la provisión de bienes públicos requieren formas de liderazgo y coordinación diferentes de la planificación tradicional, pero que tampoco deben ser abandonados a la espontaneidad de los procesos sociales o económicos. La renuncia al proyecto de configuración política de la sociedad –que ha tenido su expresión ideológica en el supuesto neoliberal de una autorregulación espontánea de los mercados– supondría una dejación de responsabilidad y no se corresponde en absoluto con los valores de una sociedad bien ordenada. Este cambio de paradigma surge de una reflexión acerca de las modificaciones estructurales de la sociedad contemporánea que ponen de manifiesto la pérdida tanto de eficacia como de aceptación o legitimidad de las formas jerárquicas de decisión.

En ocasiones se ha asociado el término gobernanza a ese proceso de despolitización que durante las últimas décadas se ha declinado como desregulación, liberalización, privatización o estilo de gestión empresarial. Pero en realidad es exactamente lo contrario. El concepto de gobernanza se elabora a partir de la necesidad de oponer una alternativa a la idea liberal-conservadora de un Estado mínimo, como una reacción frente a la política administrativa *managerializada*. Los actuales conceptos de gobernanza, Estado activador, sociedad civil y capital social se introducen como respuesta a la desestatalización neoliberal. Una cosa es que el Estado se haya topado con unas dificultades que no le permiten seguir actuando de la misma manera y otra que debamos renunciar a la idea de que la política es una actividad que tiene que ver con la configuración de un espacio público. El cambio de paradigma desde el gobierno a la gobernanza representa una oportunidad para la acción política y para la expresión de las energías sociales, en un panorama que es más apropiado para el acuerdo que el control, que favorece la horizontalidad frente a las relaciones verticales.

Bien entendida, la gobernanza no viene para justificar una despolitización de las sociedades complejas, sino todo lo contrario; puede ser un procedimiento muy valioso en orden a reconquistar espacios para la configuración política que habían sido abandonados por la política, bien a causa de la dificultad del asunto o por un prejuicio ideológico que confiaba en la autorregulación de las sociedades. La gobernanza democrática aparece así hoy como la posibilidad de salvar al poder político de su ineficacia y de su insignificancia, de recuperar la política y, al mismo tiempo, transformarla profundamente.

Así pues, no se trata de desmontar el Estado en el sentido neoliberal, sino de buscar equivalentes funcionales a las instituciones del Estado nacional que sean compatibles con los nuevos escenarios de interdependencia y policentralidad. El objetivo no es renunciar al concepto de gobierno y concebir la política como algo completamente irracional en el que todas las intervenciones fracasan o conducen necesariamente a resultados no pretendidos. Lo que se ha agotado no es la política, sino una determinada forma de la política, en concreto la que corresponde a la era de la sociedad delimitada territorialmente e integrada políticamente. Todo esto ha supuesto también una modificación de la estatalidad, a la que apuntan conceptos como «Estado garante» (Gunnar Folke Schuppert), «Estado activador», «Estado cooperativo» (Anthony Giddens) o «gobierno del contexto» (Helmut Willke). En estas y otras formulaciones se expresa un giro desde el control a la regulación, de la orden a la capacitación, de la benevolencia a la activación. La política debe transitar desde la jerarquía a la heterarquía, de la autoridad directa a la conexión comunicativa, de la heteronomía a la autonomía, del control unilateral a la implicación policontextual. Ha de estar en condiciones de generar el saber necesario –de ideas, instrumentos o procedimientos– para moderar una sociedad del conocimiento que opera de manera reticular y transnacional.

29

Sobrevivir a los malos gobernantes

Dos investigadores británicos, Robert Geyer y Samir Rihani, propusieron un experimento mental para que cayéramos en la cuenta de que los sistemas inteligentes son más importantes que las personas inteligentes: ¿qué pasaría si los gobernadores del Banco de Inglaterra fueran sustituidos por una habitación llena de monos? Si uno tuviera que responder rápidamente a esta pregunta, la intuición inmediata le llevaría a asegurar que la economía británica colapsaría. Ahora bien, a nada que hayamos podido reflexionar un poco y superar el automatismo de la reacción la respuesta sería muy diferente: el gobierno de los monos pondría de manifiesto hasta qué punto estamos gobernados más por sistemas que por personas, con equilibrios, contrapesos y correcciones automáticas, por lo que los monos no harían tanto daño como podría suponerse.

La pregunta que en estos momentos se hace todo el mundo acerca de lo que puede suponer un Gobierno de Donald Trump para Estados Unidos y el mundo en su conjunto es si el sistema político americano es capaz de resistir a un presidente así o se plegará finalmente a los dictados de quien temporalmente lo dirige. Las respuestas a esta pregunta son muy variadas, pero se agrupan en dos tipos. Quienes tienen una visión más bien individualista de la política son en este caso pesimistas; quienes la conciben sistémicamente tienden a ser optimistas. Es curioso que los límites del poder sean ahora un motivo de esperanza, cuando en otros momentos habían simbolizado más bien nuestra desesperación. No deja de ser una paradoja el hecho de que estemos depositando todas nuestras esperanzas en que eso que hemos llamado últimamente y con gesto despectivo «la casta» (los altos funcionarios, los expertos, militares, empresarios o el propio Partido Republicano) sea un poder que limite efectivamente el de su presidente.

El experimento mental propuesto por los profesores británicos es interesante porque en el automatismo de nuestras respuestas iniciales se pone de manifiesto hasta qué punto somos deudores de un modo de pensar centrado en los individuos y los líderes, en el corto plazo y en la falta de atención a las condiciones sistémicas en las que tienen lugar nuestras acciones. Seguimos pensando que el gobierno es una acción heroica de las personas en vez de entender que se trata de configurar sistemas inteligentes. Es una prueba de eso que Niklas Luhmann llamaba «la huida hacia el sujeto», cuando la acción política se degrada a una competición entre personas, sus programas, sus buenas (o malas) intenciones o su ejemplaridad moral; por eso hablamos de liderazgo con unas connotaciones tan personalizadas, la atención pública se interesa principalmente por las cualidades personales de quienes nos gobiernan, nos preocupa más descubrir a los culpables que reparar los malos diseños estructurales...

La renovación de nuestros sistemas políticos debe abordarse de otra manera. Nos jugamos demasiado como para confiarlo todo a que nuestros gobernantes sean competentes y buenas personas; no podemos jugar a la ruleta rusa de que éstos sean ejemplares y tengan propiedades extraordinarias. La democracia está para que cualquiera pueda gobernarnos, lo que implica que nuestro esfuerzo se dirija hacia los procedimientos y reglas a los que nuestros dirigentes tienen que atenerse, y no tanto al *casting* político.

No diseñemos nuestras instituciones y sus eventuales reformas pensando en seleccionar a los mejores y facilitar su acción de gobierno, sino en impedir que los malos hagan demasiado daño, aunque ocasionalmente esas mismas instituciones dificulten a los buenos sacar adelante todos sus proyectos. La democracia es un sistema diseñado más para impedir que para facilitar, un sistema que prohíbe, equilibra, limita y protege. Esta circunstancia que impidió a Barack Obama llevar a cabo un ambicioso programa de salud podría ser lo que dificulte a Trump el cumplimiento de sus promesas (o amenazas).

Todo lo que sea poner el foco en los individuos para designar los problemas que tenemos –la teoría de que lo importante es el ser humano, sea desde la perspectiva de las características personales del líder o de las motivaciones del votante individual en clave de elección racional *(rational choice)*– lleva consigo una infravaloración de las propiedades sistémicas de la sociedad. Los principales problemas a los que se enfrenta hoy la humanidad tienen el carácter de problemas planteados por un sistema interdependiente y concatenado ante los cuales son ciegos sus componentes individuales: insostenibilidad, riesgos financieros y, en general, aquéllos que están provocados por una larga cadena de comportamientos individuales que pueden no ser en sí mismos malos, pero sí lo es su desordenada agregación. De ahí que no se trate tanto de modificar los comportamientos individuales como de configurar adecuadamente su interacción y ésa es precisamente la tarea que podemos designar como inteligencia colectiva. Se gana mucho más mejorando los procedimientos que mejorando a las personas que los dirigen. No deberíamos esperar tanto de las virtudes de quienes componen un sistema ni temer mucho sus vicios; lo que realmente debería inquietarnos es si su interconexión está bien organizada, cómo son las reglas, los procesos y las estructuras que configuran esa interdependencia.

Las sociedades están bien gobernadas cuando lo están por sistemas en los que se sintetiza una inteligencia colectiva (reglas, normas y procedimientos) y no cuando tienen a la cabeza personas especialmente dotadas o ejemplares. Podríamos prescindir de las personas inteligentes, pero no de los sistemas inteligentes. Es lo que se suele decir de otra manera: una sociedad está bien gobernada cuando resiste el paso de malos gobernantes.

Estos doscientos años de democracia han configurado precisamente una constelación institucional en la que un conjunto de experiencias han cristalizado en estructuras, procesos y reglas (especialmente las constituciones) que proporcionan a la democracia un alto grado de inteligencia sistémica, una inteligencia que no está en las personas, sino en los componentes constitutivos del sistema. De alguna manera esto hace al régimen democrático independiente de las personas concretas que actúan e incluso de quienes lo dirigen, y resistente frente a los fallos y debilidades de los actores individuales. Por eso la democracia tiene que ser pensada como algo que funciona con el votante y el político medio; únicamente sobrevive si la propia inteligencia del sistema compensa la mediocridad de los actores, incluido el eventual paso de unos monos por el Gobierno.

30

Protegernos de nosotros mismos

Un ejemplo de configuración de nuestra inteligencia colectiva puede verse en el modo como diseñamos nuestros artefactos tecnológicos. No me refiero tanto a su sofisticación, sino a cómo identificamos sus riesgos futuros y nos protegemos de ellos. Pues bien, una de las paradojas de nuestras tecnologías es que tienen que atender a dos riesgos contradictorios: el riesgo de que no hagan caso a quienes las dirigen y el de que les hagan demasiado caso. Según esta distinción, habría un tipo de accidentes que se deben a la impotencia y otros a la omnipotencia. Nos inquietan más estos últimos que aquéllos; desasosiega más estar al arbitrio de los hombres que de las máquinas.

El primer tipo de riesgos es más evidente. Los sistemas complejos suelen funcionar autónomamente y sin ello no podríamos tener ninguna tecnología sofisticada, pero muchas veces esa autonomía se paga con la ingobernabilidad y esos mismos sistemas que hemos configurado se nos escapan de las manos y se vuelven, desbocados, contra nosotros mismos. Toda la literatura está plagada de fantasías (ahora ya muy realistas) acerca de creaciones que cobran vida propia y se rebelan, desde Fausto y Frankenstein hasta la caracterización general del mundo actual como un mundo que está desbocado (Anthony Giddens). Si pensamos en los problemas específicos de la sociedad contemporánea, hay multitud de ejemplos de ese descontrol y tal vez la dificultad de gobernar los mercados financieros sea el más lacerante. Cuando afirmamos de algo que no es sostenible, por ejemplo, estamos diciendo que fuimos capaces de ponerlo en funcionamiento pero no lo somos de asegurar que en el futuro obedezca a las intenciones que justificaron su puesta en marcha o, simplemente, que puede colapsar. O pensemos en el ejemplo cotidiano de hasta qué punto se han modificado nuestras relaciones con la tecnología que usamos. Nos hemos acostumbrado a utilizar dispositivos cuya lógica desconocemos y por eso ya casi nadie sabe cómo funcionan ni los puede arreglar, e incluso el especialista al que recurrimos lo que hace es sustituir piezas, más que repararlos. Cuando algo se estropea, lo hace irreparablemente.

De hecho, el piloto automático es un buen ejemplo de la paradoja que resulta cuando nos preguntamos quién manda aquí. Un piloto cree que dirige aviones pero, desde este punto de vista, es más bien al revés. El piloto pone en marcha el sistema, pero enseguida es la máquina quien prescribe hasta el más mínimo detalle todo lo que el piloto debe hacer hasta prescindir abiertamente de él. El piloto tiene que adaptarse a la lógica del vuelo. Un sistema es inteligente cuando puede incluso desobedecer ciertas órdenes absurdas. Nadie en su sano juicio debería lamentar esta circunstancia, pues a ella le debemos una enorme cantidad de dispositivos que nos facilitan la vida y a veces, literalmente, nos la aseguran.

El otro gran riesgo consiste en que las tecnologías se sometan excesivamente a quienes las dirigen. Hay accidentes y catástrofes que no tienen su causa en la falta de poder de quienes dirigían un sistema tecnológico, sino a que ese poder era excesivo. Pensemos en accidentes de tren que se debieron a que iba demasiado rápido y ningún dispositivo impedía al conductor sobrepasar la velocidad crítica (como fue el caso del accidente de tren en Angrois, el 24 de julio de 2013). El caso más dramático es el del piloto suicida del avión de Germanwings que se estrelló contra los Alpes franceses (24 de marzo de 2015). En ambos casos padecimos el excesivo poder de un hombre sobre un artefacto no suficientemente inteligente, pues dejaba al arbitrio de quien lo dirigía la velocidad e incluso la libertad de chocar contra una montaña, mientras se disparaban todas las alarmas pero no había ningún dispositivo que le obligara a rectificar el vuelo. Hay muchos sistemas que son inteligentes porque son capaces de oponerse a la voluntad expresa de quienes los dirigen. La sofisticación de los dispositivos incluye sistemas que impiden a quien gobierna hacer lo que quiera, desde los límites constitucionales para el sistema político hasta los sistemas de frenado automático en nuestros vehículos.

Lo diré de una manera un tanto provocativa: la paradoja de todo sistema inteligente es que no nos permite hacer lo que queremos. Veamos algunos ejemplos. A lo que más se parece una Constitución es a un conjunto de prohibiciones y limitaciones; dificulta incluso su propia modificación, a la que pone condiciones de procedimientos y mayorías cualificadas, para asegurarse así de que esos cambios no son una ocurrencia ocasional ni el resultado de una mayoría exigua. El sistema de frenado ABS es un sistema para impedir que, en un momento de pánico, frenemos tanto como quisiéramos, lo que pondría en peligro nuestra estabilidad y terminaría haciéndonos más daño que no frenar. Incluso el miedo es un instinto que nos protege de nosotros mismos. El neurólogo António Damásio cuenta la historia de un paciente que sufría un daño cerebral que le impedía experimentar ciertas emociones como el miedo, hasta el punto de poder hacer algunas cosas mejor que los demás como, por ejemplo, conducir por carreteras heladas, evitando la reacción natural de pisar el freno cuando el coche derrapa. Uno puede comprar libremente los productos financieros que quiera (y que pueda, claro), pero la experiencia de la crisis económica nos ha llevado a endurecer las condiciones de compra obligando a las instituciones crediticias a asegurarse de que quien los compra tenga la solvencia y el conocimiento necesarios para adquirir un producto que no está exento de riesgos. De alguna manera, la inteligencia sistémica ha configurado una serie de protocolos para que las personas no puedan hacer lo que quieran cuando están por medio artefactos especialmente peligrosos, sea un vehículo, un Gobierno o un producto financiero. De hecho, hay un mercado floreciente de lo que podríamos llamar sin exageración «protección de la gente frente a sí misma», como el de las *«behavioral apps»* (aplicaciones para el comportamiento), que nos advierten, incitan y monitorizan. No siempre los seres humanos queremos hacer lo que deseamos y esa autolimitación es fuente de comportamientos razonables.

Por eso cabe afirmar sin exageración que, desde la más modesta tecnología hasta los procedimientos políticos más sofisticados, los sistemas de gobierno son tanto más inteligentes cuanto más pueden resistir a la obstinación de quienes gobiernan. Es eso lo que quisieron enseñarnos, entre otros, Adam Smith y Karl Marx: que los sistemas sociales tienen una dinámica propia que actúa con independencia de la voluntad de los actores. Todo el progreso humano se juega en ese difícil equilibrio entre permitir a la voluntad humana gobernar los acontecimientos e impedir al mismo tiempo la arbitrariedad.

El accidente de Germanwings tal vez se debió a que esta reflexión en torno a los peligros de quienes dirigen un dispositivo tecnológico se había perdido de vista como consecuencia de la defensa contra el terrorismo, que tiende a considerar al enemigo como alguien situado, literal y metafóricamente, fuera. Recordemos que el piloto que dirigía el avión inició su maniobra para estrellarse contra los Alpes en un momento en el que se había quedado solo. Ni el otro piloto ni el resto de la tripulación pudieron acceder a la cabina bloqueada cuando se percataron de las intenciones del suicida. Nuestros protocolos de seguridad se han sofisticado desde el 11-S pensando más en enemigos de fuera que en los de dentro, en un terrorista externo que en un piloto loco. De ahí, entre otras cosas, que fuera posible cerrar por dentro la cabina del avión o que la puerta estuviera blindada. Toda la paradoja del asunto se resume en cómo hacer frente a los riesgos producidos por nuestras propias medidas de seguridad, cómo evitar las protecciones excesivas.

Un sistema inteligente es, por así decirlo, un sistema que nos protege no sólo frente a otros, sino también frente a nosotros mismos. Se configura tras la experiencia de los peligros que somos capaces de autogenerar y frente al atavismo de considerar que nuestro peor enemigo es siempre alguien distinto de nosotros mismos. La solución no pasa por las personas, me permito concluir, sino por mejorar los sistemas que nos protejan contra las personas, contra nuestros errores, nuestra demencia o nuestra maldad.

31

Democracia de negociación

Buena parte de los principales problemas políticos a los que se enfrentan nuestras sociedades democráticas requieren instituciones y hábitos de negociación. Hay problemas que se solucionan votando y otros que exigen algo más o algo diferente de lo que se consigue cuando una votación configura una mayoría. En estos casos no se trata tanto de votar como de construir ese tipo de voluntad popular que no se consigue cuando se vota. Votar implica siempre la victoria de unos sobre otros. Hay cuestiones que pueden resolverse simplemente contando los votos, pero hay otras –las más decisivas, las que afectan a las condiciones de la convivencia– para las que hace falta un acuerdo más amplio, esto es, una voluntad política más integradora. Si nos pasáramos el día contando votos pero sin hablar entre nosotros mismos no tendríamos una verdadera democracia, lo mismo que si estuviéramos continuamente discutiendo y fuéramos incapaces de poner un punto final a la discusión y tomar decisiones. La democracia no es ni el reino de los votos ni el reino de los vetos. Apelar al consenso para ciertas decisiones carece de sentido, pero jugárselo todo a una mayoría accidental puede ser una temeridad política. Para determinadas cuestiones es bueno que las diferencias ideológicas sean nítidas (cuando se trata de elegir, por ejemplo); para otras es mejor que las diferencias hayan sido atenuadas mediante una negociación previa (a la hora de establecer o modificar las reglas del juego que dotan de cierta estabilidad a nuestra convivencia). La democracia es un sistema político que equilibra discusión y decisión, negociación y resolución, acuerdo y disenso. Qué cantidad debe haber de lo uno y lo otro para que no haya ni bloqueos ni imposiciones es algo que depende de los asuntos que estén en juego y del momento histórico en que una sociedad se encuentre.

Hasta tal punto nos hemos acostumbrado a identificar la democracia con las decisiones nítidas –elecciones, votaciones, plebiscitos– y binarias –entre el sí y el no, el dentro o fuera, con una estructura antagonista, o decidimos o nos sometemos, o formamos parte de la mayoría o de la minoría– que cualquier otro proceso político del que no resulte un campo de batalla sembrado de cadáveres y con unos pocos que se alzan con la victoria total nos parece una pantomima.

Esta manera de ver las cosas se acentúa con la exaltación sin matices del concepto y la práctica de la transparencia cuya absolutización nos lleva a suponer que la discreción equivale a una opacidad injustificada. La creciente polarización y desconfianza que desde hace años han ido ganando terreno en nuestros sistemas políticos contribuyen a dificultar las posibilidades de negociación. Si la democracia es un combate antagonista desarrollado en un escenario público que todos podemos contemplar en cada uno de sus momentos, entonces no hay espacio para la negociación discreta que exigiría cualquier construcción negociada de mayorías más inclusivas.

El lenguaje del pacto, la cooperación, el compromiso y la transacción no equivalen necesariamente a la conspiración de las élites contra la lógica democrática, sino, en determinadas ocasiones y para ciertos temas, a procedimientos que permiten una mayor inclusividad democrática.

Hay una dimensión competitiva de la democracia, en la que rigen criterios mayoritarios y donde unos ganan y otros pierden, pero también hay una democracia de negociación que es necesaria para algunos asuntos y que permite una mejor construcción de la voluntad popular que la democracia mayoritaria. Las democracias tienen una dimensión competitiva (las elecciones y los referendos, las instituciones del antagonismo y el desacuerdo, los juegos de suma cero), pero también otra de negociación (en la que se construyen acuerdos y consensos, los juegos de suma positiva); la primera, que decide según criterios mayoritarios y mediante procedimientos públicos, está sobrevalorada frente a la segunda, en la que se minimiza e incluso se evita la decisión y los procedimientos son más bien discretos. El momento competitivo está eclipsando la dimensión colaborativa de la democracia. El triángulo competición/mayoría/publicidad está infravalorando otros instrumentos del proceso político donde habría más bien cooperación/acuerdo/negociación, que son especialmente apropiados para los problemas que plantean, por ejemplo, las sociedades territorialmente compuestas. Con el pacto no sólo se arbitra entre posiciones contrapuestas, sino que se lleva a cabo una modulación de tales posiciones que permite mayores variaciones que el sí o el no, es decir, que en el fondo refleja mejor la pluralidad social y proporciona a la ciudadanía unas posibilidades de elección más ajustadas a sus preferencias. ¿Por qué es más democrático votar cuando negociar es una operación que permite integrar a más personas en la voluntad popular? ¿Es más democrático optar entre posiciones contrapuestas que ratificar o no un acuerdo en el que se han integrado múltiples matices?

Algo de esto ha pasado en Cataluña los últimos meses, concretamente en las recientes convocatorias: que se han utilizado instrumentos inadecuados para los fines perseguidos, procedimientos de tipo mayoritario para resolver temas que requieren estrategias de negociación. No era una cuestión de orden público ni judicial, pero tampoco algo que pudiera resolverse con una votación. El hecho de que se haya confiado todo a la aritmética (un referéndum o unas nuevas elecciones) es consecuencia de lo poco que se confía en la posibilidad de arbitrar otros procedimientos políticos más inclusivos. Pensar que un referéndum, cuyas condiciones no han sido pactadas, es capaz de definir un nuevo estatus político resulta tan ilusorio como creer que unas elecciones normales, que como mucho sirven para cambiar de Gobierno, iban a disolver un conflicto político cuya verdadera naturaleza no se quiere reconocer. En uno y otro caso se comete el error de confiar a un instrumento para la construcción de mayorías la solución de un problema que requiere la construcción de amplios acuerdos. La democracia mayoritaria es incapaz de conseguir lo que en el mejor de los casos se alcanza por medio de la democracia de negociación.

No hay atajos para la democracia inclusiva. Dado el nivel ínfimo de diálogo que tenemos, con la confianza por los suelos y una mínima capacidad de transacción por parte de los principales actores políticos, es previsible que nos lleve bastante tiempo recomponer una cultura política de negociación. A quien insista en que ese objetivo es muy difícil o imposible habría que preguntarle si conoce algún milagro más probable.

VI

LO QUE NOS ESPERA

Uno no puede despedirse en un libro dirigido a los perplejos sin aventurar acerca del tiempo que vendrá. Cuando uno es un filósofo y no un vidente, las recomendaciones acerca de cómo divisar el futuro no serán apuestas proféticas ni aseveraciones demasiado rotundas; me conformo con dar alguna indicación que mejore nuestras disposiciones a enfrentarnos con un tiempo que, por su propia naturaleza y pese a los tahúres del porvenir, nos es fundamentalmente desconocido. Reflexionemos sobre el modo como se producen los cambios, pensemos en la curiosa paradoja de que escudriñar el futuro es una tarea ineludible y de resultados escasos, consideremos qué estado de ánimo es más razonable a la hora de enfrentarse al futuro. Una vez hecho todo esto no conoceremos mucho mejor lo que nos aguarda, pero estaremos mejor equipados para que la entrada en esos espacios desconocidos del tiempo venidero no produzca en nosotros ese doble desorden cognitivo y emocional que padecen los perplejos: o bien interpretarlo todo con categorías que ya conocemos (el perplejo que no sabe que lo es, que no quiere o no puede reconocerlo) o bien ser incapaces de entender la novedad a partir de lo ya conocido (quien no descubre nada viejo en lo nuevo, quien inventa lo ya sabido o quien cree haber descubierto algo conocido para todos porque le era personalmente desconocido). El futuro es algo que, por principio, no podemos conocer, pero podemos comportarnos razonablemente con él.

32
Escudriñar el futuro

Hace no mucho tiempo el periódico *El Correo* quiso saber cómo sería el País Vasco dentro de mucho tiempo. Para ello no se les ocurrió otra idea que preguntárselo a un grupo de intelectuales, personas que, como es bien sabido, no es que sepan más que otros, sino que se caracterizan por no tener demasiados reparos en arriesgar su reputación con afirmaciones rotundas acerca de lo que va a suceder, confiando tal vez en que cuando no ocurra ya nadie se acuerde de lo que habían asegurado. Ésta fue mi respuesta. Sobra decir que si esto vale para los de Bilbao, vale para todo el mundo.

No podemos saber cómo seremos en 2030 y para saber cómo seremos lo mejor es explicar por qué no lo podemos saber. Esto no es un trabalenguas con el que confundir a nadie, ni pretendo escapar de la cuestión que se me ha planteado, sino que trato de defender tres hipótesis que me parecen plausibles:

1. El futuro es más difícil de conocer que nunca. En otros momentos de la historia uno podía suponer que las cosas cambiarían con el tiempo, pero no a la aceleración con la que lo hacen actualmente. Además, no había tantos factores que intervinieran en su presente, por lo que el grado de imprevisibilidad era relativamente pequeño y manejable.

2. La razón de esta dificultad de conocer el futuro tiene que ver con esa peculiar volatilidad que caracteriza al mundo en el que vivimos. No nos encontramos en medio de estructuras especialmente estables, lo que hacemos no se mantiene en un espacio delimitado y cualquier factor puede

entrometerse en cualquier momento en nuestras vidas, como las pandemias, la inestabilidad financiera, un ataque terrorista, el cambio climático que no conoce tampoco fronteras, el espacio abierto de las redes sociales, la comunicación instantánea en la que parece no haber lugar para el secreto o la intimidad... Este panorama no es algo ocasional a lo que pronto sucederá un nuevo orden del mundo, sino –en este punto sí que me atrevo a ejercer de profeta– un cierto desorden en el que tendremos que ir acostumbrándonos a vivir y gestionar sus peculiares incertidumbres. Casi nada está asegurado contra el desgaste y protegido definitivamente frente a la intemperie en la que vamos a tener que vivir. Y eso explica muchos de los malestares de esta sociedad, incluidas las reacciones menos razonables.

3. Todo esto no es una excusa para abandonarse resignadamente ante este nuevo destino o justificar la improvisación, sino un estímulo para mejorar nuestros instrumentos de anticipación y estrategia. Precisamente porque tenemos muy pocas seguridades acerca de lo que nos espera estamos obligados a esforzarnos para anticiparlo. Nuestras democracias se agotan en una agitación improductiva e incapaz de llevar a cabo las transformaciones que la sociedad necesita. Si mantenemos el ideal de una convivencia regida por los valores de la justicia, entre los vivos y con las generaciones venideras, hemos de preguntarnos por los efectos en el futuro de aquello que hacemos en el presente y si les vamos a dejar una sociedad equilibrada y justa, un medio ambiente sano y un sistema de protección sostenible. No nos preguntemos tanto cómo será el mundo en 2030, sino qué consecuencias tendrá entonces lo que estamos haciendo ahora.

33
Cambiar el mundo

El deseo de que con el año nuevo las cosas van a cambiar es un rito y no tanto una determinación de la que se siguen las consecuencias anheladas. Responde más a la resignación que a la esperanza y nos recuerda dos hechos inexorables de la existencia humana: lo difícil que es cambiar y lo inexorable que es el cambio que acontece sin nuestra intención o permiso. Apenas podemos cambiar casi nada mientras casi todo cambia. A esta experiencia se añade también la doble paradoja de que todo cambia cuando parece que nada lo hace y de que nada cambia cuando parece que todo cambia. Probablemente todo esto se deba a que interpretamos la agitación como el origen de los mayores cambios y no tenemos ningún órgano que, en periodos de calma, nos haga percibir las modificaciones latentes o de fondo.

El otro gran momento ritual de cambio son las elecciones políticas. «Por el cambio» se convirtió hace tiempo en un eslogan banal (que utilizan tanto la izquierda como la derecha) tras el cual los votantes no identificamos una voluntad radicalmente transformadora, sino el deseo de invertir la relación entre quienes están actualmente en el Gobierno y en la oposición, una mera alternancia (que a veces no viene nada mal, por cierto). Que vayan a cambiar realmente las agendas, las prioridades, el estilo de gobierno o la cultura política es algo que depende en parte de la voluntad de los nuevos gobernantes y de que los actuales contextos permitan hacer cosas distintas, o sea, es algo bastante improbable. Generalmente, los políticos no saben con precisión lo que deben hacer, pero cuando lo saben no se arriesgan a la pérdida de poder que eso implicaría. Hay una mezcla fatal de negación de los problemas, postergación de las soluciones, falsas esperanzas, persistencia de las rutinas, vetos mutuos y cortoplacismo que termina reduciendo al mínimo su capacidad transformadora. En vez de cambiar el mundo, los discursos políticos apuntan más bien a salvarlo (de las crisis diversas en las que se encuentra o de los enemigos, reales o inventados), cuando no a salvarse cínicamente uno mismo en medio del general desconcierto.

La historia de la humanidad está llena de llamamientos a cambiar. Profetas, moralistas, revolucionarios, ahora «*coachers*», todos han estado empeñados en nuestra conversión y en que transformáramos el mundo. Hay de todo: imperativos religiosos (convertirse, arrepentirse, salvarse), modernos (avanzar, cambiar, adaptarse, resistir, ser competitivos, innovar) y posmodernos (estar en forma, despreocuparse, singularizarse, desacelerar, cuidar).

Todas estas apelaciones contrastan con nuestra experiencia, personal y colectiva, de la dificultad de cambiarse y cambiar. Pensemos en la persistencia de las malas prácticas en la vida personal: la pareja que una y otra vez termina en las mismas discusiones, los hábitos alimenticios que no nos hacen ningún bien, pero que no conseguimos erradicar, un estilo de conducir con el que corremos riesgos indeseados y apenas nos hace llegar antes a ningún sitio, la tendencia a convertir nuestra mesa de trabajo en un campo de batalla, la acumulación de informaciones que terminan desorientándonos... Es muy complicado deshacerse de las prácticas establecidas. En estos y otros muchos ejemplos que podríamos traer al caso se pone de manifiesto que para cambiar nuestro comportamiento no basta con saber que habría que hacerlo.

En el ámbito social hay una inercia colectiva que se manifiesta como resistencia al cambio, aceleración improductiva, desorden persistente o dinámica ingobernable, que no deberíamos minusvalorar y que sólo se puede modificar indirectamente, con incentivos de diverso tipo. El estancamiento es perfectamente compatible con el hecho de que el sistema político sea un lugar de gran agitación y de discursos enfáticos para ponerlo todo patas arriba. El radicalismo es a la revolución como la agitación al movimiento o la indignación a la democratización: simulacros de cambio, no solamente compatibles con la falta de cambio, sino en muchas ocasiones estimuladores para no cambiar porque ya hemos conseguido algo que se le parece. Uno se ha movido mucho, ha elevado el tono, le ha llamado al orden la presidenta del Congreso, ha provocado un estancamiento más que una transformación y al final sigue gobernando la derecha... El principio de Lampedusa tiene también su versión *low cost:* el propio populismo le ahorra al *establishment* el esfuerzo de aquella operación consistente en cambiarlo todo para que nadie cambie. Ahora se lo hacemos los de abajo y el desgaste para los que realmente mandan es todavía menor.

El gran problema de nuestros sistemas políticos no es la inestabilidad, sino la inestabilidad debida a que no se realizan los cambios necesarios. ¿Alguien ha tomado nota de cuántas veces hemos exigido cambiar de modelo productivo, un pacto educativo o la reforma de la Constitución? Más que palancas, iniciativas o puntos de Arquímedes, la física social está llena de vetos, bloqueos, inflexibilidad, impedimentos y rigideces. Dominan los beneficiarios del *statu quo,* que como es lógico no están especialmente interesados en trabajarse el llamado «consentimiento de los perdedores».

Al mismo tiempo, las sociedades no dejan de cambiar, pero apenas como consecuencia de nuestra intención de hacerlo. ¿Quién cambia el mundo cuando el mundo cambia? El discurso voluntarista habla de transformación, pero de hecho lo que se produce son cambios de paradigma que tienen muy poco que ver con iniciativas de nuestra voluntad. Se trata de modificaciones de las cosas, a veces de una gran profundidad, pero que no son planificadas, dirigidas o declaradas. La transformación del mundo es transitiva (alguien cambia algo), pero también reflexiva (algo se cambia a sí mismo sin que ese cambio se pueda imputar a nadie en concreto). Estamos actuando en un mundo cambiante, más que liderando o revolucionando realidades estáticas.

La imagen de un autor soberano que planifica, lidera o revoluciona parece incompatible con el hecho de que donde actuamos también actúan otros y que aquello que deseábamos cambiar lo hace en un sentido diferente del que habíamos pretendido. Como decía Hans Magnus Enzensberger, cuando al actuar políticamente nos proponemos alcanzar alguna cosa solemos terminar produciendo algo completamente distinto. La tensión entre las dos formas gramaticales del cambio se mantiene siempre. No está claro qué parte del cambio del mundo se debe a nuestra voluntad y qué ha cambiado por sí mismo.

De hecho, la mayor parte de los cambios políticos han tenido su origen en un movimiento social o en una iniciativa fuera de la vida institucional de los gobiernos y los parlamentos, dedicados a legislar sobre el pasado o a reaccionar a las crisis, casi nunca a anticiparse y gobernar para el futuro. Los partidos políticos, esos supuestos agentes de la configuración de la voluntad política, subcontratan la elección de sus candidatos en los movimientos sociales, que cada vez condicionan más sus decisiones y su agenda.

De manera discreta, imperceptible a veces, las líneas de conflicto se desplazan, nuestras interpretaciones de la realidad se desgastan, algunas convenciones dejan de tener sentido para una mayoría considerable. Ciertas maneras de actuar se transforman, de la noche a la mañana, en ridículas (basta con oír ciertos discursos políticos, la representación del poder, la composición abrumadoramente masculina de los gobiernos y parlamentos de, pongamos, treinta o cuarenta años). Las oleadas de indignación en medio de la crisis económica o las recientes denuncias contra el acoso sexual son ejemplos de que, sin saber muy bien cómo (habrá alguna explicación retrospectiva, pero no será el resultado de una iniciativa política previa), algo más o menos consentido pasa un día a ser considerado intolerable. El terrorismo había sido combatido desde muchas instancias, pero su final se produce cuando coinciden en un mismo momento circunstancias que hacían que algo que ya era desde su origen una monstruosidad aparezca también como una estupidez inútil. Yo vivía en Alemania cuando cayó el Muro de Berlín y recuerdo lo incapaces que éramos de explicar su hundimiento por una sola causa o quién lo había provocado; sabíamos la arbitrariedad que simbolizaba, pero tuvieron que producirse un conjunto de circunstancias que no tenían nada de intencional para que de un día para otro ese muro resultara además un sinsentido.

¿Hemos de renunciar entonces a formular cualquier propósito de cambio? De entrada, hay que saber reconocer cuándo y en qué medida son necesarios los cambios, del mismo modo que los sistemas políticos no deben desconocer que todo proyecto de transformación social tiene límites, efectos no deseados, inercias y resistencias, que las sociedades no se pueden cambiar a golpe de decreto, por voluntarismo o sin contar con amplias complicidades sociales. Sería bueno que tuviéramos la iniciativa para cambiar el mundo, por supuesto, pero teniendo en cuenta que, dado que la chapuza es la condición humana habitual, que la improvisación nos caracteriza más que la previsión o la planificación, es poco verosímil que lo consigamos.

Pese a todo, podemos plantearnos algunos objetivos que sólo son modestos en apariencia. Comencemos por reconocer que a veces interpretar bien el mundo es una buena manera de cambiarlo o, en cualquier caso, la condición para poder hacerlo. Y sigamos con el propósito de mejorar nuestra atención: en el espacio (examinando las capas profundas de la sociedad) y en el tiempo (mirando un poco más lejos). Lo latente y lo lejano tienen que ganar peso político frente a lo visible e inmediato.

Aunque no podamos cambiar todo lo que quisiéramos, ni en la medida en que nos parece deseable, sí está en nuestras manos trabajar para que en el futuro suceda eso improbable que no está a nuestro alcance como sujetos aislados.

Quién sabe si, al describir un día la cadena causal de un cambio social, ese acto aislado (como la inmolación de Mohamed Bouazizi, aquel joven tunecino que desató la Primavera Árabe, o la denuncia de la actriz Ashley Judd contra el acoso sexual en Hollywood) pueda ser identificado como el que puso en marcha la reacción colectiva, el que fue imitado y terminó por formar una gran cascada. Por eso estamos obligados a hacer bien aquello que nos toca. Como nunca sabemos del todo si nos quedaremos solos o seremos el comienzo de un cambio, hagamos bien lo que tengamos que hacer por si acaso alguien culmina lo que empezamos. Podríamos formularlo como si se tratara de un imperativo kantiano: haz las cosas como si pudieran ser el comienzo de una gran transformación colectiva.

No conocemos la mayor parte de las cosas que nos van a pasar; tampoco sabemos si van a suceder gracias o a pesar de lo que hagamos. Por eso lo único razonable es actuar con la ficción de que cuanto va a suceder depende de lo que hacemos o, al menos, que de nuestras acciones se seguirán efectos y que debemos anticiparlos en la medida en que nos sea posible.

34

Por qué el pesimismo no es razonable

Uno de los misterios más insondables de nuestra profesión de filósofos no es la pregunta por el ser, si existe el mundo exterior o si somos realmente libres, sino algo mucho más irritante: que la gente nos aprecia tanto más cuanto más tristes somos. ¿Por qué parecemos más profundos cuando somos más negativos? ¿A qué se debe el prestigio del pesimismo? ¿Por qué si un filósofo quiere que le tomen en serio tiene que ser un cenizo?

Cualquiera puede comprobar esta valoración pública y sus posibles variantes: el pesimista tiene más prestigio intelectual que el optimista; quien denuncia es más íntegro que quien aprueba; un diagnóstico es más profundo cuanto más negativo sea; un intelectual contento o es un impostor o es poco inteligente. Desde que Voltaire llamara cándidos a todos los que no veían las cosas tan irreparablemente negativas como él, la Filosofía se ha convertido en esa «ciencia triste» de la que hablaba Theodor Adorno. Filosofar equivale a desilusionar y denunciar. Por supuesto que hay otra tradición de la Filosofía más irónica y gozosa, pero ha quedado marginada por el principio hegemónico de que el pensamiento no tiene nada que celebrar.

Este prestigio de lo negativo se debe a que contrasta con la banalidad de las buenas noticias, de cierto «pensamiento positivo» cuyo concepto más sofisticado es el de los «brotes verdes». Pero no nos deberíamos medir con las versiones más flojas de aquello a lo que nos oponemos, sino con sus mejores argumentos. En este caso, la Filosofía triste nos debe una razón que justifique por qué el pesimismo es más razonable que su contrario.

La pregunta por el estado de ánimo está de moda, qué duda cabe. ¿Hay algún motivo que explique este modo tan cotidiano de interpelarnos? Preguntar a los demás por su sensación en relación con lo que el futuro pueda depararnos es algo que sólo tiene sentido cuando decae la confianza en los pronósticos; es una pregunta que se multiplica cuanto mayor es la incertidumbre. Por eso es la pregunta de la crisis, la que nos hacemos cuando no tenemos ni idea de lo que nos espera. No estamos en la época de los pronósticos exactos; si todavía nos fiáramos de ellos, estaríamos consultando sus previsiones y no preguntando genéricamente por el estado de ánimo de los demás.

¿Es posible todavía –con la que está cayendo, como suele decirse– defender que el optimismo es más razonable que su contrario y no parecer bobo? Aunque no sea lo que se espera de mi oficio ni tampoco lo políticamente correcto, quisiera dar alguna razón para defender que el optimismo es más razonable que el pesimismo, ahora y en general.

La razón más profunda para no rendirse es que nunca podemos estar seguros de que las cosas vayan a ir necesariamente a peor y que si claudicáramos nadie nos garantiza que tal vez nos estemos perdiendo así lo mejor. Hay una brevísima fábula de Esopo que siempre he considerado la mejor ilustración de este optimismo por exclusión, la refutación más poderosa de la idea de que no pensar en nada es el mejor remedio contra la desesperación y la muerte: «Un anciano cortó en cierta ocasión leña, cargó con ella y emprendió un largo trecho. El camino le agotaba. Arrojó la carga y llamó a la muerte. Ésta apareció al instante y preguntó por qué le había llamado. El anciano contestó: "Para que me coloques de nuevo la carga encima"». El anciano había perdido la fuerza y la esperanza, por lo que debió parecerle que era el momento de poner punto final a aquel esfuerzo. Al caer en la cuenta de que había sacado demasiadas conclusiones de su cansancio retiró su precipitada desesperación y se puso de nuevo en camino.

Concluir es siempre una decisión precipitada; mientras hay vida hay esperanza, suele decirse. Yo preferiría formularlo así: mientras la vida no se haya terminado, no está todo perdido. ¿Y quién sabe si, frente a todas las evidencias, nos queda algo positivo por vivir? Fernando Pessoa entendió muy bien hasta qué punto concluir es una decisión precipitada: «¡No me vengáis con conclusiones! La única conclusión es morir».

La pregunta por el optimismo o el pesimismo parece referirse a una expectativa, pero en realidad es un balance y, como tal, algo que cierra y concluye. Por eso lo más razonable es resistirse a dar al presente el carácter de lo definitivo, posponer la respuesta, dejarla abierta. Siempre es demasiado pronto para concluir; ésta es la justificación racional del optimismo. Lo malo es lo definitivo, la provisionalidad actúa siempre en nuestro favor.

Mientras el tiempo dure hay posibilidad de ser perdonado, de aprender, de cambiar, de que haya alivios, pausas, de que el sufrimiento se interrumpa en algún momento o la injusticia sea reparada. Lo mejor de nuestra condición humana es que estamos rodeados de posibilidades y que entre ellas tal vez haya alguna mejor que aquélla que se ha hecho realidad. No se trata tanto de que el nuestro sea el mejor de los mundos posibles, según la célebre formulación de Leibniz, como de que es *uno* entre los posibles, que no es el único y que hay otras posibilidades. Que haya *mundos posibles* es la mejor garantía de que el optimismo no es algo injustificado.

¿Quién sabe si justamente nosotros somos los que estamos capacitados para posibilitar algo mejor? ¿Quién está en condiciones de asegurarnos, por el contrario, que lo mejor se encuentra fuera de nuestro alcance? ¿Cómo lo sabe? Detrás de un pesimista hay siempre alguien demasiado seguro; el escepticismo, en cambio, es la antesala del optimismo. Un pesimista es, en el mejor de los casos, un desmemoriado que ha olvidado que el pasado no ha sido casi nunca mejor; en el peor de los casos es un reaccionario que no recuerda los males del pasado e idealiza un tiempo anterior incontestablemente mejor que nuestro presente. Un pesimista es generalmente más dogmático que un optimista, y como yo dudo mucho suelo ser más bien optimista. Los optimistas solemos serlo por defecto, más que por virtud.

Índice

III
LA POLÍTICA EN UNA ZONA DE SEÑALIZACIÓN ESCASA

IV
LA DEMOCRACIA EN LA ERA DE TRUMP

V
CONFIGURAR SISTEMAS INTELIGENTES

VI
LO QUE NOS ESPERA

Últimos títulos publicados

Serie Ensayo

Noelia Adánez
Parentesco animal. Los feminismos incómodos de Doris Lessing y Kate Millett
David Alegre
Colaboracionistas. Europa Occidental y el Nuevo Orden nazi
José Antonio Alonso
El futuro que habita entre nosotros. Pobreza infantil y desarrollo
Vicenç Altaió
El radar americano. Arquitectura, arte, comunicación visual y Guerra Fría
José Álvarez Junco
Dioses útiles. Artículos sobre el nacionalismo
Qué hacer con un pasado sucio
Ramón Andrés
Caminos de intemperie
Ana Arambarri
Música contra los muros. En el conflicto árabe-israelí
Juan Arnau
La mente diáfana. Historia del pensamiento indio
Manual de filosofía portátil
La fuga de dios. Las ciencias y otras narraciones
Materia que respira luz. Ensayo de filosofía cuántica
Odd Arne Westad
La Guerra Fría. Una historia mundial
Francis Bacon
Ensayos
Norbert Bilbeny
La enfermedad del olvido. El mal de Alzheimer y la persona
Pilar Bonet
Náufragos del imperio. Apuntes fronterizos

Joan Brossa y Antoni Tàpies
Con corazón de fuego. Correspondencia (1950-1991)
Elias Canetti
Sobre Kafka. El otro proceso
Veza y Elias Canetti
Cartas a Georg. Amor, literatura y exilio en tiempos oscuros 1933-1948
Ana Carrasco-Conde
Decir el mal. La destrucción del nosotros
P.E. Caquet
Campanadas de traición. Cómo Gran Bretaña y Francia entregaron Checoslovaquia a Hitler
Ana Carrasco-Conde
La muerte en común. Sobre la dimensión intersubjetiva del morir
Jorge Carrión
Lo viral
Benet Casablancas
Paisajes del Romanticismo Musical. Soledad y desarraigo, noche y ensueño, quietud y éxtasis. Del estancamiento clásico a la plenitud romántica
Centre d'Arts Santa Mònica
Exponerse, no exponerse
La tradición que nos atraviesa
Instantánea de una nueva institución. Vocabularios para la colectivización artística
Christopher Clark
Las trampas de la historia. De Nabucodonosor a Donald Trump
Sonámbulos. Cómo Europa fue a la guerra en 1914
Primavera revolucionaria. La lucha por un mundo nuevo 1848-1849
Antón Costas y Xosé Carlos Arias
Laberintos de prosperidad. ¿Hacia una nueva Gran Transformación?
Ricky Dávila
Tractatus Logico-Photographicus. La fotografía explicada a los atunes
Enrique Faes
Demetrio Carceller (1894-1968). Vida y negocios de un empresario en el Gobierno

Arnau Fernández
Hasta su total exterminio. La guerra antipartisana en España, 1936-1952
Agustín Fernández Mallo
Teoría general de la basura (cultura, apropiación, complejidad)
La forma de la multitud (capitalismo, religión, identidad)
Pável Filátiev
Zov. El soldado que ha dicho no a la guerra de Ucrania
László Földényi
Elogio de la melancolía
Joan Fontcuberta
La furia de las imágenes. Notas sobre la postfotografía
Desbordar el espejo. La fotografía, de la alquimia al algoritmo
Mireille Gansel
Traducir como trashumar
Marina Garcés
Escuela de aprendices
Ryan Gingeras
Los últimos días del Imperio otomano, 1918-1922
Javier Gomá
Filosofía mundana. Microensayos reunidos
Un hombre de cincuenta años. Trilogía teatral
Luis Gonzalo Díez
La epopeya de una derrota. El demonio de la política en los Episodios Nacionales de Galdós
Abejas sin fábula. Antropología del capitalismo
Lynda Gratton y Andrew Scott
La nueva longevidad. Cómo adaptarse a los desafíos de una vida más larga
Dominic Green
La revolución religiosa. El nacimiento de la espiritualidad moderna, 1848-1898
José A. Griñán
Cuando ya nada se espera
Daniel Innerarity
La política en tiempos de indignación

La sociedad del desconocimiento
Una teoría de la democracia compleja. Gobernar en el siglo XXI
La libertad democrática
Enrique Juncosa
Escritos sobre Miquel Barceló
Victor Klemperer
Quiero dar testimonio hasta el final. Diarios 1933-1945. Una selección
Luz y sombras. Diarios sobre cine 1929-1945
Stephen Koch
El chivo expiatorio de Hitler. La historia de Herschel Grynszpan y el inicio del Holocausto
El fin de la inocencia. Los intelectuales occidentales y la tentación de Stalin
Eduardo Lago
Todos somos Leopold Bloom. Razones para (no) leer el Ulises
Albert Lladó
Contra la actualidad. Treinta preguntas ante la robotización del presente
Claudio Lomnitz
Nuestra América
Keith Lowe
Prisioneros de la historia. Monumentos y Segunda Guerra Mundial
Jordi Llovet
Mis maestros. Un homenaje
Chantal Maillard
La compasión difícil
La razón estética
Las venas del dragón. Confucianismo, taoísmo y budismo
Decir los márgenes. Conversaciones con Muriel Chazalon
Stefano Mancuso
La nación de las plantas
La planta del mundo
Fitópolis. La ciudad viva
Gregorio Marañón
Memorias de luz y niebla
José María Maravall
La democracia y la izquierda

Tomás Marco
De la tradición a más allá de la posmodernidad. Historia de la ópera de los siglos XX y XXI
Marta Marín-Dòmine
Huir fue lo más bello que tuvimos
Pablo Martín-Aceña
La guerra eterna. Grandes pandemias en la historia
Gustavo Martín Garzo
Elogio de la fragilidad
Miguel Martorell
El expolio nazi
Marx y Engels
El manifiesto comunista
Mariana Mazzucato
No desaprovechemos esta crisis. Lecciones de la COVID-19
José Antonio Millán
Antonio de Nebrija. Una biografía
Mira Milosevich
El imperio zombi. Rusia y el orden mundial
Pankaj Mishra
Fanáticos insulsos. Liberales, raza e Imperio
Diego Moldes
En el vientre de la ballena. Ensayo sobre la cultura
Mercedes Monmany
Sin tiempo para el adiós. Exiliados y emigrados en la literatura del siglo xx
Albert Montagut
Reset. Cómo concluir la revolución digital del periodismo
Michel de Montaigne
Ensayos
Javier Moreno Luzón
El rey patriota. Alfonso XIII y la nación
Denis Mukwege
La fuerza de las mujeres
Juan Antonio Ortega Díaz-Ambrona
Las transiciones de UCD. Triunfo y desbandada del centrismo (1978-1983)
P. P. Pasolini
El fascismo de los antifascistas
Escritos corsarios

Frank Pasquale
Las nuevas leyes de la robótica. Defender la experiencia humana en la era de la IA
Jeremy D. Popkin
El nacimiento de un mundo nuevo. Historia de la Revolución francesa
Pere Portabella
Impugnar las normas. Intervenciones sobre arte, cine y política
Jean-Claude y Colette Rabaté
Unamuno contra Miguel Primo de Rivera. Un incesante desafío a la tiranía
Fernando Reinares
11-M
11-M. Pudo evitarse
Jorge Reverte
El vuelo de los buitres. El desastre del Annual y la guerra del Rif
Fernando del Rey
Retaguardia roja. Violencia y revolución en la guerra civil española
Fernando del Rey y Manuel Álvarez Tardío
Vidas truncadas. Historias de violencia en la España de 1936
Fuego cruzado. La primavera de 1936
Fernando del Rey y Miguel Martorell (eds.)
Mercedes Cabrera. La historia y la política
José María Ridao
Cuadernos de Malakoff
Marilynne Robinson
¿Qué hacemos aquí?
Gina Rippon
El género y nuestros cerebros. La nueva neurociencia que rompe el mito del cerebro femenino
Bernardí Roig, Fernando Castro, Agustín Fernández Mallo
Wittgenstein, arquitecto (el lugar inhabitable)
Pierre Rosanvallon
El siglo del populismo. Historia, teoría, crítica
Jesús Ruiz Mantilla
Divos

Carl Safina
Aprender a ser salvajes. Cómo las culturas animales crían familias, crean belleza y consiguen la paz
Octavio Salazar
La vida en común. Los hombres (que deberíamos ser) después del coronavirus
Andrés Sánchez Robayna
Borrador de la vela y la llama
Vanni Santoni
Para escribir hay que leer
Miguel Satrústegui
Politeia. 50 años de cultura (1969-2019). I - De los orígenes del hombre al mundo del Renacimiento
Politeia. 50 años de cultura (1969-2019). II- De la época del Barroco al mundo contemporáneo
Karl Schlögel
El siglo soviético. Arqueología de un mundo perdido
Andrew C. Scott
Planeta en llamas. La historia del fuego a través del tiempo
Carlos Sebastián
El capitalismo del siglo XXI. *Mayor desigualdad, menor dinamismo*
Yorgos Seferis
Días 1931-1934
Marta Segarra
Humanimales. Abrir las fronteras de lo humano
Cristian Segura
Gente de orden. La derrota de una élite
Adrian Shubert y Antonio Cazorla
La guerra civil española en cien objetos, imágenes y lugares
Brendan Simms
Hitler. Con el mundo no bastaba
Timothy Snyder
Nuestra enfermedad. Lecciones de libertad en un diario de hospital
Santiago Tarín
En el tsunami catalán. Una biografía del proceso independentista

Anton Tenkei Coppens

Llamada intemporal, respuesta puntual. Guía para la práctica del budismo Zen

Eugenio Trías

La Cataluña ciudad. El pensamiento cívico en la obra de Maragall y D'Ors

La dispersión

Entrevistas 1970-2011

Tzvetan Todorov

El espíritu de la Ilustración

Insumisos

Los enemigos íntimos de la democracia

Memoria del mal, tentación del bien. Indagación sobre el siglo XX

Darío Villanueva

Poderes de la palabra. Retórica, política, derecho, literatura, publicidad

VV. AA.

Europa28. Mujeres escriben sobre el futuro de Europa

Diálogos atlánticos. Cultura y ciencia en España y América en el siglo XX

El poder en escena. Motivos visuales en la esfera pública

Fernando Vallespín

La sociedad de la intolerancia

Lorenzo Vidino

El círculo cerrado de los Hermanos Musulmanes

Darío Villanueva

Poderes de la palabra. Retórica, política, derecho, literatura, publicidad

Bernard Wasserstein

Un pueblo de Ucrania. Krakovets y las tempestades de la historia

Edward J. Watts

La decadencia y caída de Roma. La clave para entender el mundo de hoy